AF253835

RECUEIL

D'ESTAMPES GRAVÉES

D'APRÈS

DES PEINTURES ANTIQUES,

ITALIENNES, ETC.

RECUEIL

D'ESTAMPES GRAVÉES

D'APRÈS

DES PEINTURES ANTIQUES,

ITALIENNES, etc.

Par AUGUSTE BOUCHER DESNOYERS,

CHEVALIER DE LA LÉGION-D'HONNEUR, MEMBRE DE L'INSTITUT ROYAL,
ET DES ACADÉMIES DE VIENNE ET DE GENÈVE,

OU EXÉCUTÉES SOUS SA DIRECTION

D'APRÈS LES DESSINS QU'IL A FAITS EN ITALIE, DANS LES ANNÉES 1818 ET 1819,

DÉDIÉ

A Son Excellence le Comte Siméon,

Ministre Secrétaire-d'État au Département de l'Intérieur.

A PARIS,

DE L'IMPRIMERIE DE FIRMIN DIDOT, IMPRIMEUR DU ROI,

DE L'INSTITUT ET DE LA MARINE, RUE JACOB, N° 24.

1821.

A Son Excellence

Le Comte Siméon.

Monseigneur,

Le Recueil que j'ai l'honneur de présenter à Votre Excellence est le fruit de dix mois d'études d'après les productions célèbres de la Grèce et de l'Italie. J'ai dessiné celles qui étaient moins connues, ou, jusqu'à-présent, représentées avec peu d'exactitude; et quelquefois même des fragments, quand toutes les parties d'un chef-d'œuvre n'avaient pas vivement attiré mon attention. Afin de répandre de la variété dans l'exécution, une portion en a été confiée à plusieurs artistes qui ont rivalisé de zèle, en gravant les dessins commis à leurs talents. Je dois à l'amitié la rédaction des notes que j'avais recueillies dans le cours de mon voyage. Les unes contiennent des faits peu

connus; les autres indiquent les sujets, ou retracent les sen-
sations que j'ai éprouvées à la vue des objets dont je reproduis
l'image.

Monseigneur, mon but a été de faire un ouvrage utile et
digne de votre attention : mes vœux seront remplis, s'il obtient
votre suffrage.

J'ai l'honneur d'être,

MONSEIGNEUR,

De Votre Excellence,

Le très-humble et très-
obéissant serviteur,

A. Boucher Desnoyers.

PLANCHE I.

PORTRAIT

DE SON EXCELLENCE LE COMTE SIMÉON.

PLANCHE II.

LA VIERGE ET L'ENFANT JÉSUS.

Tableau de Raphaël peint à l'huile et sur bois. Hauteur, environ 75 centimètres, ou 28 pouces.
Largeur, 55 centimètres, ou 19 pouces.

LE mérite de ce tableau enchanteur, conservé depuis long-temps à Florence dans le palais Tempi, était, il y a quelques années, ignoré même du propriétaire. On raconte à ce sujet, qu'un médecin appelé près d'un malade, qui, par hasard, occupait la chambre où ce chef-d'œuvre était abandonné à la poussière, fut frappé de sa beauté, en rendit compte au marquis Tempi, et répandit dans le public la nouvelle de son heureuse découverte. On se ressouvint alors, que le tableau avait été exposé dans cette chambre, à l'occasion d'une cérémonie religieuse. Il est aujourd'hui l'objet de l'admiration des artistes et des amateurs qui le nomment *la Vierge de Florence.*

Il est encore sous la première crasse, et n'a rien perdu de sa fraîcheur primitive. A la beauté de l'exécution, à la finesse des tons, on reconnaît l'auteur de la Vierge dite *au Poisson,* et à la candeur de l'expression, celui de *la Belle Jardinière.* En examinant de près chaque partie, on découvre le trait au crayon du contour des mains, et plusieurs repentirs. Ce fut sans doute pour le préserver de tous dangers, que le premier propriétaire, qui en avait apprécié l'excellence, le conservait sous verre, et dans le cadre qui lui sert encore aujourd'hui d'ornement.

HÉBÉ.

Statue antique. Hauteur, environ 115 centimètres, ou 3 pieds 6 pouces.

Si cette belle statue nous offre l'image de la déesse à qui le maître des dieux, avant l'enlèvement de Ganimède, avait confié le soin de présenter l'ambroisie aux habitants de l'Olympe, où sont les attributs de la fille de Junon, de l'épouse du fils de Jupiter et d'Alcmène? On n'aperçoit aucun vestige de la couronne de fleurs qui doit lui ceindre la tête : au lieu de la coupe élégante destinée à recevoir le nectar qu'elle doit offrir aux divinités célestes, on voit un vase dont une obscure naïade dédaignerait de se servir. Il est moderne et tient lieu des symboles donnés ordinairement à la déesse de la Jeunesse.

Quoi qu'il en soit, et malgré les restaurations, les unes visibles, les autres faites avec assez d'adresse pour échapper au premier examen, il est certain que la portion antique de la statue est admirable; que les formes en sont séduisantes; que l'exécution en est parfaite et d'un fini précieux. Elle est en marbre grec, et mérite d'être comptée parmi les excellentes productions de l'antique patrie des beaux-arts, quelle que soit la personne ou la divinité dont elle nous offre l'image.

Elle est conservée à Venise, dans une salle voisine de la grande bibliothèque.

L'AMOUR LIVRÉ AU SOMMEIL.

Statue antique de grandeur naturelle.

Le dieu, couché sur une peau de lion, emblème de sa puissance, goûte les douceurs d'un sommeil paisible. Rien de plus naturel que son attitude, rien de plus heureusement exprimé. Le choix des formes est admirable; elles conviennent parfaitement à l'Amour, et l'exécution paraît digne des beaux siècles de la Grèce.

Il est fâcheux que cette statue, qui est conservée au rez-de-chaussée de la biblio-thèque publique à Turin, soit placée dans une salle peu éclairée, où le défaut de lumière et la couleur obscure du marbre voilent une partie de ses charmes. C'est à ce double inconvénient qu'il faut attribuer, sans doute, le peu d'empressement des artistes à l'étudier; car mes recherches pour en trouver une copie ont été infruc-tueuses. Il n'est point rare de rencontrer dans les Musées italiens des statues qui représentent le même sujet. D'après les symboles dont elles sont accompagnées, les antiquaires les reconnaissent pour les simulacres du dieu qui préside au sommeil, ou du Génie de la mort, etc. Mais, quelle que soit leur dénomination, je n'en ai point trouvé qui ait une parfaite ressemblance avec celle que je publie.

PLANCHES V, VI, VII, VIII, IX, X, XI, XII.

HUIT PORTRAITS DE FEMMES,

DITES LES MODÈLES DE RAPHAEL.

CES portraits font l'ornement de deux salles d'un petit palais (*palazzino*) situé à Rome, sur le Janicule, et, selon l'opinion de quelques antiquaires, élevé sur les ruines de l'habitation du poëte Martial, qui en a transmis dans ses vers le souvenir à la postérité. Ce palais, jadis possédé par les ducs Lanti, appartient aujourd'hui au prince Borghèse : il avait été construit sur les dessins de Jules-Romain pour Messer Baldassare Turini da Pescia dont le nom mérite d'être conservé dans la mémoire des amis des beaux-arts. Peu de personnes savent aujourd'hui qu'il était un amateur éclairé; qu'il avait formé une collection précieuse des productions de Léonard de Vinci, de Raphaël, de Jules-Romain, et des artistes habiles de son temps; que, dans tout le cours de sa vie, il ne cessa d'occuper leurs compas, leurs pinceaux ou leurs ciseaux; que sa dextérité dans les affaires le fit rechercher par les personnages illustres de son siècle; qu'il a été dataire de Léon X; dignitaire (*proposto*) de l'église de Pescia; exécuteur-testamentaire du pape Clément VII. Tant d'hommes distingués par des talents supérieurs, ou par la faveur des grands, ont possédé des places éminentes, rempli des fonctions délicates, et depuis leur mort sont complètement oubliés, que Baldassare Turini aurait probablement subi le même sort s'il n'eût été l'ami intime de Raphaël; l'être privilégié à qui cet homme divin confia ses plus secrètes pensées; à qui, près de descendre au tom-beau, il imposa l'honorable et douloureux devoir d'accomplir ses dernières volontés. Par les soins de Turini les dépouilles mortelles de Raphaël ont été déposées solennellement dans l'église de Sainte-Marie de la Rotonde, monument précieux de l'architecture romaine, jadis consacré au culte des faux dieux, et qui est destiné aujourd'hui à contenir les cendres ou les souvenirs funèbres d'un petit nombre d'hommes à qui des talents éminents, ou des circonstances favorables font décerner cet honneur.

On trouve, dans les historiens contemporains, des détails intéressants sur la fin prématurée de Raphaël; sur le deuil de toutes les classes de la société; enfin sur les honneurs rendus à ses cendres. Sa mort n'a pas été moins funeste à la France; elle la priva de son dernier chef-d'œuvre que le cardinal Jules de Médicis, qui prit le nom de Clément VII en montant sur la chaire de saint Pierre, avait destiné à l'embellissement de la cathédrale de Narbonne, dont il possédait l'archevêché. Raphaël, ravi au monde en 1520, peignait la Transfiguration....

Ce fut pour lui consacrer, dans la partie la plus secrète de son habitation, un monument dont l'amitié seule peut connaître le prix, que Baldassare Turini plaça, dans les deux salles destinées à prendre le bain (*stufa*), les portraits de huit femmes, dont la beauté inspirait Raphaël lorsqu'il peignait des femmes, des vierges, des déesses, et l'élève chéri de son ami, Jules-Romain, avait été chargé de l'exécution. En considérant ces portraits, Turini croyait encore converser avec l'objet de ses regrets; applaudir à ses succès; admirer sa modestie au milieu de ses triomphes, et la sagesse avec laquelle il choisissait dans ses modèles celui dont la physionomie convenait davantage au sujet qu'il voulait peindre. Quand on est vivement affecté, toute illusion qui fait revivre l'ami qui n'existe plus, ne paraît jamais fantastique.

Ces portraits n'ont pas perdu tout le mérite qu'ils avaient aux yeux de Turini : ils rappellent à la mémoire les principaux tableaux de Raphaël. A la modestie, à la candeur naïve de la jeune femme dont l'image est gravée sous le n° V, on reconnaît la Belle Jardinière, jadis l'un des chefs-d'œuvre de la galerie de Fontainebleau, et qui est aujourd'hui placé dans la grande galerie du Musée royal, sous le n° 1079. Le portrait de la Jeune Boulangère (*la fornarina*), gravé sous le n° VI, est la copie d'une partie du tableau de Raphaël qui est conservé à Rome dans le palais Barberini. On assure que le cœur de l'artiste ne fut point insensible aux attraits de *la fornarina*; et l'on peut présumer que l'on doit à cette prévention les répétitions variées du même portrait offertes à la curiosité dans plusieurs Musées d'Italie, et que les propriétaires ne manquent jamais d'attribuer à ce grand maître. Il importe peu de savoir si Raphaël aima *la fornarina*, mais il paraît indubitable que ses charmes l'inspirèrent lorsque, dans la plénitude de ses talents, il peignit, en 1518, pour François Ier, la célèbre Sainte-Famille, qui est aujourd'hui exposée dans la grande galerie du Musée royal, sous le n° 1080. Le portrait gravé sous le n° XII rappelle l'image de la femme qui, dans le Massacre des Innocents, court vers le spectateur, intéresse par sa douleur profonde, et fait desirer qu'elle puisse sauver le fruit de ses amours, seul objet de ses alarmes. Ce n'était pas sans dessein que

Raphaël, en traçant une scène si déchirante, choisissait cette femme pour modèle; la mélancolie que sa physionomie décèle devait prêter de l'énergie à l'expression des passions violentes qu'elle pouvait éprouver. Les voyageurs qui ont visité la Sabine et Tivoli reconnaîtront, dans l'ajustement du portrait, le costume que les habitantes de ces contrées portent encore aujourd'hui. Il serait facile d'ajouter à ces désignations; mais il vaut mieux laisser aux amis des arts le plaisir de rechercher, dans le caractère des têtes de femmes, peintes par Raphaël, les rapports qui existent avec ces huit portraits. Ils sont de grandeur naturelle, variés d'attitude, d'ajustement et d'expression. En les regardant avec attention, on s'aperçoit qu'ils ont été altérés par l'humidité et plus encore par de funestes restaurations. Je ne crois point qu'ils aient été gravés; ils méritaient cependant d'exercer le burin de Marc-Antoine, qui a retracé sur le cuivre plusieurs sujets peints par Jules-Romain dans cette agréable habitation qui, tant qu'elle subsistera, conservera la mémoire de Baldassare Turini, de Raphaël et de son disciple chéri.

Planche XIII.

MARIE-MADELEINE.

Tableau attribué au Corrége.

Cette célèbre pénitente, livrée au repentir, lève les yeux vers le ciel, et laisse couler des pleurs. Ses cheveux ondoyants sont encore ornés de perles, et donnent lieu de présumer que la conversion est nouvelle. Mais la douleur est si vive qu'elle paraît inspirée par une puissance surnaturelle.

Antoine Allegri, dit le Corrége, du nom de la ville qui le vit naître, est plus connu par ses ouvrages que par les actions de sa vie. Il mourut en 1534, à l'âge d'environ quarante ans. Son nom seul est un éloge. Personne n'a su exprimer, avec autant de graces et de vérité, les nuances délicates des passions qui naissent de l'amour. Personne n'a possédé une intelligence plus profonde du clair-obscur, ni un pinceau plus suave.

<hr>

PLANCHE XIV.

ENFANT JOUANT DE LA FLUTE.

Bronze antique, plus grand d'un tiers que la gravure.

Assez souvent on a l'occasion d'observer, dans les Musées, des statues antiques qui représentent soit un jeune Faune, soit un jeune berger jouant de la flûte; mais je ne me rappelle pas d'en avoir vu qui offrent avec cet enfant d'autre rapport que celui de s'adonner au même amusement. Ce bronze antique, d'une belle exécution, d'une fonte élégante, et d'une parfaite conservation, donne une idée avantageuse de l'habileté des anciens dans l'art de couler les métaux. Il appartient à M. Duval, de Genève, amateur éclairé qui possède une collection d'objets précieux en différents genres, et dont la réunion fait honneur à son goût et à la justesse de son discernement.

PLANCHE XV.

JASON.

Fragment d'un bas-relief antique. Largeur, environ 65 centimètres, ou 2 pieds.

Ce fragment d'une excellente sculpture a été publié dans la seconde partie du recueil d'antiquités qui a pour titre : *Marmora Taurinensia ;* et MM. Rivautella et Ricolvi y ont inséré les conjectures que l'examen du bas-relief leur avait suggérées. Ils pensent qu'il représente soit un gladiateur, soit un coupable combattant les bêtes auxquelles il a été livré; soit un symbole du soleil, que les Perses adoraient sous le nom de *Mithras,* et de qui, à la fin du premier livre de la Thébaïde, Stace a dit : « Mithras ramenant par les cornes, sous les rochers de l'antre de Persée, le « taureau qui résiste et veut fuir [1], » soit enfin Hercule mangeur de bœufs

(1) . . . . Persei sub rupibus antri
Indignata sequi torquentem cornua Mithram.

(*buphagus*) surnom qui lui fut donné lorsqu'il prit à Thiodamante un bœuf, le tua et le dévora pour le punir d'avoir refusé des aliments à Hylas, qui mourait de faim. Ces conjectures ne paraissent pas fondées. Rien ne désigne, sur le bas-relief, un gladiateur, un coupable condamné et livré aux bêtes : Mithras se contentait d'un seul taureau ; un seul bœuf suffisait à l'appétit d'Hercule et d'Hylas.

Apollonius de Rhodes, dans son poëme sur l'expédition des Argonautes, raconte que Pélias, pour éviter les dangers prédits par un oracle, avait engagé Jason à s'éloigner d'Iolchos, et à tenter une entreprise dangereuse. Le fils d'Eson parvient dans la Colchide à la tête des Argonautes, et demande au roi Œtès la Toison d'or dont il s'était emparé. Le fils du Soleil, d'abord incertain, consent à la livrer à condition que Jason domptera deux taureaux aux pieds d'airain et qui dardent des feux de leurs naseaux. Il doit en outre les atteler à une charrue, tracer des sillons dans un champ consacré à Mars, semer, au lieu de blé, des dents de serpent d'où naîtront des guerriers armés qu'il sera obligé de combattre, et remplir toutes les conditions dans l'intervalle du lever au coucher du soleil. A l'aide des enchantements de Médée, éprise d'amour en sa faveur, Jason tente l'entreprise : il dompte les deux taureaux et les tient vigoureusement par les cornes. Voilà probablement l'action représentée sur le bas-relief qui paraît avoir été destiné à servir de métope. Il est aujourd'hui très-mutilé et placé dans la grande cour de la Bibliothèque, à Turin. La sculpture en est admirable; elle ressemble à celle des bas-reliefs du Parthenon, qui ont été transportés depuis quelques années à Londres.

⎯⎯⎯⎯⎯◦⎯⎯⎯⎯⎯

PLANCHE XVI.

PORTRAIT D'UNE JEUNE FEMME,

NOMMÉE SAPHO PAR QUELQUES ANTIQUAIRES.

Peinture antique.

CE tableau, de forme circulaire, est orné d'une bordure peinte, selon la coutume des anciens, qui n'oubliaient guères d'accompagner de quelque enjolivement les peintures dont ils décoraient leurs habitations. Il représente une femme jeune, vue presque de face, et dont les cheveux bouclés sont contenus par un réseau. Elle porte aux oreilles des anneaux; dans la main droite, un style dont elle dirige la pointe vers la bouche; de la main gauche elle tient un livre qui paraît fermé. Sa tunique est verte, son manteau violâtre, et toute la figure se détache sur un fond clair. Cette peinture antique, trouvée à Herculanum vers l'an 1760, a été décrite dans le troisième volume du recueil *delle Pitture antiche d'Ercolano*. J'ai pensé qu'elle méritait d'être gravée sur un plus grand format, et l'estampe que je présente au public est seulement d'un tiers moins grande que l'original, remarquable par la grande transparence des ombres, et par une conservation parfaite. Il fait partie de la collection du Musée de Portici, situé à deux lieues de Naples.

L'affection mélancolique qui semble dominer cette jeune femme, lui a fait donner, par quelques personnes, le nom de Sapho. Elles sont persuadées que l'artiste a représenté l'amante de Phaon, écoutant l'inspiration de l'amour et s'apprêtant à graver sur ses tablettes des vers dictés par une passion violente, que l'objet aimé était loin de partager. Mais, pour admettre cette assertion, il faut n'être pas frappé de la fraîcheur du teint de cette jeune femme, ou supposer qu'Ovide commettait une grande erreur en faisant dire par Sapho, dans son épître à Phaon : « Si je ne « suis pas blanche, la fille de Céphée a été chérie par Persée [1], » et tout le monde sait que le père de la belle Andromède était un roi d'Éthiopie.

PLANCHE XVII.

BACCHUS ET SILÈNE.

Peinture antique. Hauteur, environ 49 centimètres, ou 18 pouces.

C'EST dans la ville même de Pompéï, derrière le temple de Vénus, et sur le mur d'une petite salle que cette peinture a été trouvée. Elle a échappé aux injures du temps par l'effet d'un accident extraordinaire qui devait en accélérer la destruction (Voyez le n° XXII). Quoique abandonnée, depuis qu'elle a été découverte, aux injures de l'air, et à l'intempérie des saisons, elle est assez bien conservée. On ne peut trouver une figure plus élégante que celle de Bacchus, ou qui offre des contours plus coulants. Elle contraste parfaitement avec celle de Silène, dont les traits ressemblent à ceux de Socrate. Le pampre qui sert de couronne au fils de Sémélé; le thyrse dont sa main est ornée; le vase dont il épanche la liqueur qui lui est consacrée; le tigre assis à ses pieds, sont des symboles qui conviennent au développement du sujet. Les formes de Bacchus annoncent la fleur de la jeunesse; et sa langueur, son penchant à l'ivresse. Il s'appuie mollement sur l'épaule de Silène, qui essaie, par les sons de sa lyre, à ranimer les sens de son nourrisson. Mais cet instrument est-il réellement la lyre dont les anciens attribuent l'invention à Mercure? Les

____

[1]   Candida si non sum : placuit Cepheïa Perseo.

poëtes, les mythologues racontent que le fils de Maïa, joyeux d'avoir trouvé une tortue sur le mont Chélydorée, la vida, la perça en divers endroits, lui adapta des cornes, enlevées, selon les uns, aux bœufs dérobés à Apollon; selon les autres, à une chèvre sauvage; qu'il trouva le moyen d'attacher et d'isoler dans leur longueur, des cordes filées d'intestins de brebis, qui, tendues et vibrées avec art, rendirent des sons harmonieux. Le nombre des cordes varia au gré des musiciens. Mercure en avait mis sept; Orphée en ajouta deux : Apollon lui-même ne fut point étranger au perfectionnement de la lyre. Mercure la lui avait donnée pour lui faire oublier le vol des bœufs du roi Admète, quand le fils de Latone en gardait les troupeaux. Si telle est l'origine de la lyre, doit-on accorder ce nom à l'instrument qui est dans les mains de Silène et à celui qui sert à Chiron pour enseigner la musique au jeune Achille (voyez, sous le n° XIX, la gravure de cette peinture antique). Les deux instruments ont la même forme, et, pour en obtenir des sons, les deux musiciens emploient une sorte d'archet semblable et qui représente peut-être le *plectrûm* des anciens. On peut encore remarquer que les branches des deux instruments ont, avec les cornes de chèvres, un rapport prononcé. Les anciens croyaient-ils que Bacchus avait contribué au perfectionnement de la lyre? Le bouc lui était consacré; les sons de la lyre animaient la gaieté de ses joyeux mystères; enfin, selon les mythologues, Bacchus avait été élevé par le centaure Chiron, non moins habile musicien, que médecin célèbre. Sur une agate antique, qui a été gravée par P. S. Bartoli, on voit le triomphe de Bacchus et d'Ariadne. Ce couple amoureux est dans un char traîné par des centaures, tandis qu'un de leurs compagnons se sert d'un instrument pareil à ceux que nous voyons dans les mains de Silène et de Chiron. Il n'est pas rare d'observer des instruments de même espèce dans la main des centaures et des bacchantes représentés sur les bas-reliefs antiques, que l'amour des sciences et des arts rassemble aujourd'hui dans les Musées, et dont plusieurs servaient autrefois à l'ornement de tombeaux fastueux [1]. Mais peut-on donner à tous les instruments le nom de lyre, sans craindre la confusion ou l'erreur, tant il existe de variété dans leurs formes? Qu'il suffise de citer pour exemple le bas-relief encastré dans le mur d'une salle des antiques du Musée royal et au-dessus de la statue décrite sous le n° 656 : il représente Apollon et trois Muses; on y observe deux instruments qui, malgré leur ressemblance avec ceux de Silène et de Chiron, offrent néanmoins des différences très-notables. La difficulté mérite d'être éclaircie par un musicien qui soit versé dans la connaissance des langues anciennes, dans la pratique des arts, et non moins en état de faire un rapprochement judicieux des passages épars dans les poëtes et les mythologistes, avec les instruments dont l'image nous a été conservée sur les monuments échappés aux ravages du temps et à la barbarie des hommes.

[1] Voyez la description des antiques du Musée royal, n°° 4, 421, 472; et *Monumenta Matheiana*, t. 3, pl. VIII, etc.

LES TROIS GRACES.

Peinture antique. Hauteur, 46 centimètres, ou 17 pouces. Largeur, 40 centimètres, ou 15 pouces.

On voyait dans la Grèce un grand nombre de tableaux, de statues, de bas-reliefs, d'inscriptions, de médailles qui offraient l'image des Graces, ou rappelaient leurs bénignes influences. Leur simulacre servait quelquefois à l'ornement des tombeaux et attestaient la reconnaissance de ceux qui les avaient érigés, pour perpétuer la mémoire d'un parent, d'un ami, ou d'un bienfaiteur. Quoique répandus en tous lieux, ces monuments ne suffirent point à l'expansion de l'amour des Grecs pour les Graces; ils élevèrent des temples particuliers en leur honneur, et les firent souvent participer aux sacrifices qu'ils offraient aux Muses, à l'Amour et aux divinités bienfaisantes. Les mythologues assurent que les Graces étaient filles de Bacchus et de Vénus. Leur office auprès de leur mère consistait à la parer et à lui tenir une fidèle compagnie. Dans les mystères bachiques, la décence et la gaieté disparaissaient dès qu'elles n'y présidaient plus; dans les festins, on ne manquait point de faire trois libations pour les honorer, et dans l'année on célébrait plusieurs fêtes pour obtenir leurs faveurs. Ce n'était pas seulement à des époques solennelles que les Grecs faisaient éclater leur amour pour les Graces; ils ne passaient aucun jour sans présenter leurs hommages à ces divinités tutélaires. Le printemps leur était consacré; selon l'opinion générale, c'était la saison qu'elles aimaient de préférence. « Voyez, disait Anacréon, comme au retour des Zéphyrs les Graces sont parées de « roses. » Comment leur culte n'aurait-il pas été fréquent et varié? les anciens étaient persuadés qu'elles répandaient leurs charmes sur toutes les actions de la vie. Les beaux-arts, la poésie, l'éloquence et la sagesse elle-même les invoquaient, mais leur plus doux emploi était de présider au bienfait et à la reconnaissance : liens puissants des belles ames, et dont l'office rapproche de la divinité. Le nombre des Graces varia chez les Grecs; mais il fut assez constamment fixé à trois. Dans les siècles héroïques, des pierres non taillées étaient leur simulacre; dans la suite, elles furent adorées sous l'enveloppe de formes humaines revêtues de robes et de voiles transparents; enfin on les représenta jeunes et sans vêtements, parce que leurs charmes sont ordinairement l'apanage de cet âge heureux qui brille sans la parure d'ornements étrangers.

Les Graces sont jeunes et sans aucun voile sur le tableau antique trouvé en 1760 à Pompéi. Il a été déposé dans le Musée de Portici, et décrit dans le troisième volume *delle Pitture antiche d'Ercolano*. On présume qu'il est l'imitation d'un ouvrage plus ancien qui avait été répété plusieurs fois. Le groupe est si heureux, les contours ont tant d'attraits, que je n'ai point balancé à le reproduire par une nouvelle gravure. Les déesses sont debout; leurs cheveux, retroussés avec art, sont couronnés de feuilles et de fleurs. Elles posent alternativement une main sur l'épaule de leur compagne, et forment une réunion telle, que les deux qui occupent les côtés sont vues de face, tandis que celle qui est au milieu montre les reins. La première tient des fleurs, attributs de la jeunesse; la seconde, la pomme qui fut adjugée à la déesse de la beauté; la troisième, quelques branches d'un arbrisseau peu reconnaissable par ses feuilles, mais qui probablement leur était consacré. Dans les salles du Musée royal, on remarque, sous le n° 470, un groupe en marbre de Paros, qui représente les trois Graces, et dont la disposition est semblable à celle de la peinture de Pompéi. Un peu plus loin, on voit le grand autel des douze dieux, en marbre pentélique, qui est décrit sous le n° 378. Il offre, sur la première face de la bande inférieure, les trois Graces qui dansent et sont vêtues comme on les représentait encore du temps de Socrate [1]. Bien qu'on observe sur les monuments antiques une grande variété dans les emblêmes donnés à ces divinités, elles forment ordinairement un groupe qui a beaucoup de rapport avec celui que j'ai gravé, et leurs mains, également disposées à donner et à recevoir, offrent l'image simple et vraie d'une union touchante et d'une amitié parfaite.

⸻

PLANCHE XIX.

L'ÉDUCATION D'ACHILLE.

Peinture antique. Hauteur et largeur, environ 130 centimètres ou 3 pieds 11 pouces.

CETTE peinture, découverte dans le voisinage d'Herculanum, en 1739, contribue aujourd'hui à l'ornement du Musée de Portici. Elle représente le centaure Chiron qui enseigne au jeune Achille l'art d'obtenir d'un instrument des sons harmonieux. A la simplicité de la composition, à la naïve expression des personnages, on trouve réuni un excellent goût de dessin. Le fils de Thétis, attentif à la voix de son maître, paraît impatient de mettre en pratique la leçon qu'il reçoit. La figure est

[1] Voyez la description des antiques du Musée royal, par M. le comte de Clarac.

bien dessinée, bièn peinte ; les demi-teintes, posées avec justesse, sont vraies, et conduisent insensiblement de la lumière à l'ombre. On a critiqué, peut-être avec sévérité, les formes du centaure ; mais on s'accorde à donner des éloges au beau caractère de la tête. La peau dont les épaules sont couvertes paraît désigner qu'il n'était pas moins habile chasseur qu'excellent musicien ; et si la couronne d'herbe qui ceint sa tête n'est pas un vain ornement, ne peut-on pas conjecturer qu'elle est composée de feuilles des plantes salutaires qui portent son nom, et dont il enseigna l'usage à ses élèves? Une sardoine publiée dans le *Museum Florentinum* offre, à de légères différences près, la même composition. Cette ressemblance a fait soupçonner que la peinture était la répétition d'un groupe en sculpture. L'assertion, quoique plausible, peut être contestée tant qu'on ne parviendra point à découvrir des fragments de sculpture antique qui la justifieront. Les savants éditeurs *delle Pitture antiche d'Ercolano* avaient déja fait connaître le tableau de l'éducation d'Achille, et porté un coup-d'œil attentif sur la chaussure du jeune héros. Ils rapportent, sur la foi de Philostrate, que les anciens avaient coutume de représenter pieds nus le fils de Pélée, pour donner à entendre que la rapidité de sa course lui rendait inutile toute espèce de chaussure. Ils ont également observé l'instrument mis par le centaure entre les mains de son élève, sans décider si on devait le nommer *lyra* ou *cithara*. Un instrument d'une forme parfaitement semblable, représenté sur la peinture antique qui offre le groupe de Bacchus et de Silène, a donné lieu à quelques remarques. (Voyez la gravure et la notice du n° XVII).

⸻

PLANCHE XX.

L'ENFANT JÉSUS.

Peinture exécutée par André Mantègne, dans le cloître de Saint-Zénon, à Vérone.

Cet enfant, de grandeur naturelle, presque nu, debout sur les nuages, et bénissant l'univers, nous offre l'image du Rédempteur dans sa première jeunésse ; la croix tracée sur l'auréole qui environne sa tête est le symbole de sa mission sur la terre. Ce symbole n'avait point suffi à Mantègne pour exprimer sa pensée tout entière : dans l'espoir d'y parvenir, il forma autour de Jésus une seconde auréole composée de deux croissants lumineux qui, se rencontrant à leurs extrémités, offrent l'apparence d'un cercle. Parmi les signes usités sur nos calendriers, on a pu remarquer des croissants tracés en sens opposés dont l'un sert à désigner le commencement, l'autre le déclin de la lune. Mantègne en fit usage pour un plus noble emploi : le premier indique l'établissement de la loi nouvelle ; le second, l'accomplissement de la loi ancienne ; enfin leur réunion à leurs extrémités, le passage de la loi ancienne à la loi nouvelle, sans interruption sensible. La mysticité de ce symbole est aujourd'hui d'une obscurité profonde. Mais on se plaisait alors aux figures allégoriques que les adeptes admiraient d'autant plus qu'elles étaient inintelligibles. A une époque antérieure, l'artiste aurait fait sortir une banderolle de la bouche de Jésus, pour nous apprendre, par une légende, ce qu'il n'avait pas su exprimer autrement.

La peinture de Mantègne a souffert de l'humidité ; pour en retarder la destruction, elle a été encaissée, par ordre de l'empereur d'Autriche, dans une boite attachée au mur qui lui sert de fond. La précaution devenait nécessaire pour transmettre à la postérité cet ouvrage d'un habile homme qui n'a jamais cessé de s'occuper de l'avancement de la peinture et de la gravure, à une époque où les arts, depuis la renaissance, n'avaient point acquis le degré de perfection qu'ils ont atteint un peu plus tard.

André Mantègne mourut, en 1506, à 76 ans.

Planche XXI.

LISBETH,

AUBERGISTE AUX GLACIERS DE GRINDELWALD.

On vante la beauté et la grande fraîcheur de cette jeune femme qui, avant son mariage, était batelière sur le lac de Brienz. Elle a épousé un aubergiste à Grindelwald, et sa maison est très-fréquentée par les voyageurs. Les plus indifférents oublient un moment leurs affaires, et ne manquent jamais de prétexte pour s'assurer par eux-mêmes que Lisbeth est la merveille du canton. En général, les habitations de cette partie de la Suisse ont une galerie couverte et en saillie, d'où l'on jouit de la vue des environs. La construction en est légère, agréable à l'œil et toujours en bois blanc. C'est dans la galerie de l'auberge que j'ai dessiné Lisbeth, revêtue des habillements qu'elle a coutume de porter tous les jours. Elle était éclairée de reflet, et toute sa personne, malgré l'éclat de son teint, se détachait en vigueur sur les glaciers de Grindelwald. Combien de réflexions s'offrirent à ma pensée, en considérant la destinée des objets que j'avais alors sous les yeux! Une femme, jeune, fraîche comme la rose, qu'une matinée voit éclore et flétrir; et d'énormes amas de glaces qui, formés peut-être avec le monde, bravent la durée des siècles, et semblent ne devoir s'anéantir qu'avec l'univers!.....

PLANCHE XXII.

LE FILS DU CUSTODE DE POMPÉI.

En 1818, au mois de décembre, je dessinai, à la lueur de la lampe, la tête du fils de l'aubergiste ou custode de Pompéï, ville antique dont l'emplacement était ignoré depuis un grand laps de temps, et qui, par sa découverte, dans le courant du siècle dernier, a jeté un nouveau jour et procuré des connaissances précieuses sur les arts et sur les usages des anciens. Le portrait d'un jeune homme né au milieu de ces ruines, et conducteur ordinaire des étrangers que la curiosité attire de toutes parts pour les visiter, ne paraîtra point déplacé dans un recueil qui contient la gravure de tableaux trouvés à Pompéï et sauvés de la destruction par un accident étrange dont le récit a tout le merveilleux de la fable.

Des historiens racontent que les habitants de cette ville étaient occupés à réparer les ravages d'un tremblement de terre, quand elle fut ensevelie, avec Herculanum, Stabiæ et la contrée environnante, sous les cendres que le Vésuve répandit avec une abondance incalculable, lors de l'éruption de l'an 79 de l'ère chrétienne. Pline le naturaliste y perdit la vie : Pline le jeune en décrivit la catastrophe avec des détails effrayants [1]. Depuis, de nouveaux désastres ajoutèrent aux désastres précédents, et firent perdre les traces de l'emplacement des villes situées dans cette contrée malheureuse. Quand au commencement du siècle dernier, on découvrit quelques ruines d'Herculanum, les savants ne s'accordèrent point d'abord sur le nom de la ville retrouvée; il fallut, par de nouvelles découvertes, fixer les incertitudes et reconnaître la véritable position d'Herculanum, de Pompéï, de Stabiæ, etc. Depuis ce temps, des fouilles considérables ont été commencées, abandonnées et reprises. Elles ont enrichi d'une grande quantité d'objets de la plus haute curiosité le Musée de Portici et celui de Naples, placé dans les bâtiments *de' Regi Studi.* Il est difficile de concevoir la différence singulière qui existe entre l'étonne-

---

[1] Voyez les lettres XVI et XX du livre VI. Elles sont adressées à Tacite.

ment dont on est frappé à la vue des ruines de Pompéï, et l'admiration qu'on éprouve à l'aspect des monuments que Rome conserve encore de son antique magnificence. Les derniers ont subi les ravages du temps, des éléments; ils ont été le jouet de la fureur, de l'avarice, et des préjugés des hommes. Aujourd'hui, ils font partie de nouvelles constructions qui laissent démêler péniblement l'antique du moderne. On est souvent choqué de la confusion qui naît de l'assemblage d'objets créés dans le cours de siècles différents. A Pompéï, aucune construction des siècles intermédiaires: la cabane qui sert de retraite aux voyageurs est trop chétive pour distraire les regards; vous êtes transportés au milieu d'une ville qui existait, il y a plus de dix-sept siècles, telle que vous la voyez. Il semble que vous soyez transportés en personne au lendemain du jour où tout ce qui frappe vos regards frappait d'effroi les tristes habitants qui déploraient la perte de leurs biens, de leurs temples, et de tout ce qui est cher aux hommes. Vous errez sans obstacle dans leurs maisons, dans leurs édifices publics ou religieux. Eh! qui peut voir, sans une vive émotion, le temple d'Isis à qui il ne semble manquer que les ministres de son culte? « C'est une chose bien singulière et bien curieuse, dit un « voyageur du siècle passé [1], que de se retrouver ainsi dans le milieu d'un temple « romain, bâti il y a dix-sept cents ans, devant les mêmes autels où ces maîtres « du monde ont sacrifié, environné des mêmes murs, occupé de la vue des mêmes « objets, et d'y retrouver tout à la même place, dans le même ordre, sans que la « forme, la matière, la situation de toutes les parties aient éprouvé le moindre « changement; la cendre du Vésuve a été un préservatif contre l'injure des temps, « les tremblements de terre, les éruptions postérieures, et le pillage des barbares. »

PLANCHES XXIII ET XXIV.

TÊTES ANTIQUES

DES COLOSSES QUI DÉCORENT LA PLACE DE MONTE-CAVALLO, A ROME.

LES deux groupes de figures colossales transportées des Thermes de Constantin vis-à-vis l'entrée du palais Quirinal, par le pape Sixte V, ont fait donner à la place le nom de *Monte-Cavallo*, parce que chaque groupe offre un héros occupé à dompter un cheval. Malheureusement l'intempérie des saisons, les pluies, les vents

[1] M. Le Français de Lalande, professeur d'astronomie au collége de France, membre de l'Institut, mort à Paris, en 1807, âgé de 75 ans.

humides du sud-est, en obscurcissant la blancheur du marbre, ont voilé les détails, et l'on ne peut juger sainement que le mouvement et les proportions des figures. Elles sont attribuées, par quelques antiquaires, à Phidias et à Praxitèle, et l'on présume qu'elles peuvent avoir environ dix-huit pieds de haut. Pour en conserver le souvenir, j'ai dessiné les têtes des deux héros d'après les plâtres conservés à Milan, dans le Musée de Brera. Le n° XXIII offre la tête du groupe attribué à Phidias; et le n° XXIV, celle du groupe attribué à Praxitèle.

PLANCHE XXV.

ATHLÈTE.

Buste en porphyre, de grandeur naturelle.

Quand on considère le buste d'un jeune homme dont les épaules sont couvertes d'une peau de lion, et qui porte sur sa tête une couronne de feuilles d'olivier sauvage, on se souvient du fils de Jupiter et d'Alcmène, à qui ces symboles étaient consacrés; l'un parce qu'il tua le lion de Némée, l'autre parce qu'il rapporta l'olivier du pays des Hyperboréens et qu'il institua les jeux olympiques, où, le premier, il remporta le prix de la lutte et celui du pancrace, honneur que Pausanias attribue à Hercule Idéen. Cependant, malgré la présence d'une partie des attributs de ce héros, les antiquaires, qui n'aperçoivent aucuns muscles puissants, aucune apparence de barbe, dont la naissance était exprimée même sur les simulacres de sa première jeunesse, ne reconnaissent point Hercule dans ce buste, mais bien l'un des vainqueurs des jeux olympiques dont Pausanias a décrit les nombreuses statues. Il paraît évident néanmoins que ce buste offre l'image d'une divinité, car en creusant sur les statues sacrées l'emplacement des yeux, et le remplissant d'une pierre ou d'un métal précieux, les anciens voulaient, par ce signe mystérieux, indiquer, selon Clément d'Alexandrie, que rien n'est caché à la divinité. N'est-ce point par la même considération que le sculpteur aura creusé les yeux de ce buste, afin d'y adapter quelques pierres étincelantes pour imiter l'éclat que les yeux d'Hercule répandaient au loin, si l'on s'en rapporte au récit d'Apollodore?

Telles sont, en substance, les observations d'Antonmaria Zanetti sur ce monument en porphyre, qui est placé à Venise, au milieu de la salle de la grande bibliothèque [1]. Ce savant incline à le reconnaître pour l'image d'Hercule; mais quel que soit le dieu, le héros ou l'athlète représenté, une belle exécution, une grande pureté de forme, un fini précieux, rendent ce buste digne de la plus grande attention. Au style, il paraît du siècle d'Alexandre; mais la doctrine de Winkelmann s'oppose à cette opinion. L'habile antiquaire affirme que les Grecs ne commencèrent à travailler le porphyre que sous les Ptolémées, ou même sous les empereurs; et quand les Romains se déterminèrent à l'employer pour en faire les statues des rois captifs dont ils décoraient leurs arcs de triomphe, ou qu'ils plaçaient dans les monuments publics, ils se servirent de marbre pour en former les têtes, les pieds et les mains. Winkelmann déclare enfin que les bustes en porphyre conservés dans les Musées, ne doivent être attribués, selon leur mérite particulier, qu'aux siècles de la décadence ou de la renaissance des arts. Celui-ci appartiendrait-il à ces derniers temps? La tête, totalement dépouillée de cheveux, particularité peu commune chez les anciens, semble offrir à ce doute une apparence de probabilité. Une nouvelle remarque jettera peut-être une lueur fort différente sur la question qui nous occupe. Dans les salles du Musée royal, on voit un prêtre égyptien dont le buste, en rouge antique, a été décrit sous le n° 514 [2]. Il a plusieurs rapports avec celui que j'ai gravé. Tous deux ont la tête rasée et couronnée d'olivier; tous deux ont les yeux creusés de la même manière; mais le buste du Musée royal n'a point les épaules chargées d'une peau de lion. M. le comte de Clarac a observé que plusieurs fragments de figures semblables à celles du n° 514, ont été trouvées à la *Villa Adriana,* dans les environs de Tivoli.

UNE TÊTE DE VIERGE.

Fragment d'un tableau sur bois peint à l'huile, attribué à Léonard de Vinci, et qui a de hauteur environ 185 centimètres, ou 5 pieds.

Une seule partie est terminée, la tête de la Vierge, dont la proportion est plus petite que nature. Bien que le tableau ne soit pas achevé, ne pourrait-on pas, puisqu'il est conservé à Milan dans le Musée de Brera, le désigner par ces mots : *la Vierge de Milan?* Les artistes ont si fréquemment représenté la mère du Sauveur, qu'une dénomination spéciale paraît nécessaire pour indiquer ce bel ouvrage,

(1) Statue nell' antisala della libreria di San Marco, publicate ed illustrate da Antonmaria Zanetti. Venezia, 1740, fol. 2 vol.

(2) Description des antiques du Musée royal, vol. in-8°. Paris, 1820.

sans employer une longue circonlocution. D'ailleurs Léonard, souvent détourné de la pratique des beaux-arts, a fait peu de tableaux; plusieurs sont perdus, et celui-ci mérite considération, par cela même qu'il n'est pas terminé. Car, dans cet état, il offre les moyens d'étudier les procédés qu'employait ce rare génie, pour l'exécution de ses peintures. Cette dénomination, ou toute autre, qui serait adoptée par les Milanais, pour honorer la mémoire de Léonard, serait un nouveau témoignage de leur reconnaissance envers un homme à qui ils doivent tant de travaux utiles à la prospérité de leur patrie, et qui fonda dans Milan une école de peinture, célèbre par des productions excellentes, admirées de toute l'Europe et recherchées, d'âge en âge, avec un empressement toujours croissant.

PLANCHES XXVII ET XXVIII.

DEUX PORTRAITS D'UNE JEUNE NAPOLITAINE,

L'un vu de trois quarts et l'autre de profil.

La jeune Napolitaine qui a permis de faire ces deux études, réunit à la beauté des formes qui distinguent les femmes nées sous cet heureux climat, les charmes d'une voix enchanteresse.

PLANCHES A, XXIX, XXX ET XXXI.

QUATRE TÊTES D'APOTRES

DE LA CÈNE DE LÉONARD DE VINCI.

Les trois gravures désignées par les n⁰˟ XXIX, XXX et XXXI, offrent quatre fragments de la Cène de Léonard de Vinci. L'estampe marquée de la lettre A, donne une indication légère de la disposition de toutes les figures et fait connaître le rang que Léonard avait assigné aux apôtres. Ce chef-d'œuvre couvrait l'un des côtés du réfectoire des Dominicains de Sainte-Marie-des-Graces, à Milan, et avait été exécuté vers l'an 1496, sur la demande du duc Louis-Marie Sforce, dit le More.

La peinture a environ 8 millimètres 80 centimètres, ou 27 pieds de longueur sur près de 4 mètres 55 centimètres, ou 14 pieds de hauteur, et les têtes environ 35 centimètres, ou 13 pouces de proportion. Léonard, qui avait conçu l'espoir d'éterniser la durée de son ouvrage par des procédés particuliers, fut cruellement trompé dans son attente. Un demi-siècle était à peine écoulé, et déja Lomazzo observait que la peinture s'écaillait par l'effet de la pernicieuse impression donnée au mur. Peu de temps après, Armenini écrivait qu'elle était notablement altérée. En 1642, Scanelli témoignait son étonnement dès progrès rapides d'une destruction générale qui ne s'était manifestée, au milieu du siècle précédent, que sur quelques parties. Enfin Luigi Scaramuccia, dans l'ouvrage qu'il publia en 1674, ne fait aucune mention de cette étonnante production; cependant il porte son jugement sur les peintures remarquables de Milan; il n'oublie point celles qui étaient placées dans l'église de Sainte-Marie-des-Graces; il fait le plus grand éloge des tableaux de Léonard, et cite honorablement des passages de ses écrits sur la peinture. Ce chef-d'œuvre était dans un dépérissement déplorable, quand des restaurateurs se présentèrent avec des secrets merveilleux pour lui rendre sa première fraîcheur, et leur travail, au bout de quelques mois, ne fit qu'accélérer la ruine des parties jusqu'alors épargnées par l'humidité. Aux ravages du temps et du charlatanisme se joignirent les injures des hommes. Pour procurer aux moines une entrée plus fastueuse, on coupa impitoyablement les pieds du Christ, et aujourd'hui, malgré la sollicitude de plusieurs princes, amis des arts, qui ont voulu pourvoir à sa conservation, il n'y a plus d'espoir qu'on jouira long-temps des faibles restes du chef-d'œuvre de cet homme extraordinaire qui fut peintre, sculpteur, ingénieur hydraulique, poëte, musicien; qui sut réunir aux charmes de l'esprit, l'extérieur le plus séduisant, posséda, au même degré de supériorité, les arts agréables et la connaissance des sciences abstraites.

Léonard ayant à représenter le moment où Jésus annonce aux apôtres, que l'un d'eux va le trahir et que déja le traître est assis à leurs côtés, sentit vivement la difficulté de saisir les différentes passions qui devaient agiter des hommes d'âge, de professions et de caractères opposés. Il craignit que la fresque ne lui laissât point le temps d'en exprimer les nuances fugitives. Cette méthode exige une exécution prompte, n'admet point de repentirs; mais elle résiste aux injures du temps, et la parfaite conservation du crucifiement de Jésus-Christ, peint à fresque par Giovanni Donato Montorsano, en 1491, dans le même réfectoire et vis-à-vis la Cène de Léonard, fait regretter qu'il n'ait pas employé les mêmes moyens. L'huile parut lui offrir plus de ressources. Elle permet la réflexion dans la pratique, souffre des changements dans l'exécution. Séduit par l'espérance de garantir son ouvrage des effets de l'humidité, par l'emploi de procédés particuliers, il adopta cette méthode, et l'effet ne répondit point à son attente.

La Cène de Léonard était à peine terminée, que Louis XII fit la conquête du

Milanais (en 1499). On prétend que ce monarque, qui mérita le surnom de père du peuple, conçut le projet de la transporter en France; mais on a oublié de nous apprendre si la témérité de l'entreprise effraya les ministres, ou si la rapidité des événements en empêcha l'exécution. Le projet était gigantesque et dangereux. On ne connaissait point alors l'art de séparer la peinture de la toile, du bois, de la pierre, et de la fixer sur un fond nouveau. A l'aide de cette industrie, mise, de nos jours, si heureusement en pratique, il n'est pas hors de vraisemblance qu'on jouirait encore d'un ouvrage qui fait tant d'honneur au génie de Léonard.

La tête gravée sous le n° XXIX appartient à la cinquième figure placée à la gauche du Sauveur (voyez le n° 1, planche A). Elle a les cheveux gris, la barbe grise, et porte une tunique jaune. Les écrivains ne sont point d'accord sur le nom de l'apôtre représenté. Les uns reconnaissent saint Jude, surnommé Thadée, frère de Jacques le mineur, et fils présumé d'Alphée et de Marie, sœur de la Vierge; d'autres inclinent vers saint André, et quelques-uns vers saint Philippe. Quel que soit le nom de l'apôtre, on ne se lasse point d'admirer l'expression forte de son étonnement. Il est encore indécis, et ne peut croire à la trahison; il interroge son voisin, et semble attendre sa réponse pour être convaincu qu'un traître s'est glissé parmi eux.

La tête gravée sous le n° XXX, est celle de la première figure assise à la gauche de Jésus (voyez n° 2, planche A). Elle représente, suivant l'opinion la plus suivie, saint Jacques, fils de Zébédée et de Salomé; il a été nommé le majeur, parce qu'il était l'aîné de saint Jean l'évangéliste. Tous deux furent appelés par le Sauveur à l'apostolat, et surnommés les fils du Tonnerre. Les personnes persuadées que cette tête est celle de saint Jacques le majeur, fondent leur opinion sur une anecdote conservée par Lomazzo, peintre milanais, qui, né en 1538, avait connu des contemporains de Léonard, et avait fait, à l'âge d'environ vingt-deux ans, une copie de la Cène, déja outragée par le temps. Lomazzo rapporte que l'artiste florentin, ayant donné un caractère admirable de beauté et de majesté aux deux apôtres Jacques le majeur et le mineur, désespéra de trouver des traits assez sublimes pour représenter la divinité, et consulta Bernardo Zenale, artiste habile et dont les ouvrages en différents genres commandent encore aujourd'hui l'attention. « Ton erreur est de telle nature, lui répondit Zenale, que Dieu seul pourrait « y remédier. Ni toi, ni qui que ce soit, n'est capable de donner au Christ des « traits assez majestueux, assez divins pour surpasser en beauté les deux apôtres « saint Jacques; ainsi reste tranquille, et laisse la tête du Sauveur imparfaite. » Léonard suivit ce conseil, et l'on peut s'en assurer, ajoute Lomazzo, quoique la peinture soit grièvement altérée. Des écrivains ont contesté à saint Jacques le majeur l'honneur d'être assis immédiatement auprès du Sauveur, pour l'attribuer à saint Thomas; ils prétendent que cette prééminence était due à leur patron pour avoir été appelé à l'apostolat antérieurement à saint Pierre, à saint Jean, à saint

Jacques le majeur, etc., et ils rejettent les objections de ceux qui répondent qu'en assignant cette place au frère de l'apôtre bien-aimé, Léonard s'était rappelé la prière que Salomé avait adressée au Sauveur, en lui présentant ses deux enfants : « Ordonnez que mes deux fils que voici soient assis dans votre royaume, l'un à « votre droite et l'autre à votre gauche. » Au lecteur seul appartient la décision de ce différent.

Les deux têtes gravées sous le n° XXXI ont été altérées à tel point, que je me suis déterminé à les dessiner dans une petite dimension, afin d'en rendre seulement le caractère, et de m'abstenir de détails dont les traces sont incertaines. La tête du jeune homme est celle de la troisième figure placée à la gauche de Jésus, et représente saint Philippe (voyez le n° 3 de la planche A). Il est couvert d'un manteau jaune, de manière à ne laisser apercevoir de la tunique que les manches, qui sont de couleur bleue. Saisi de douleur en apprenant que son divin maître sera trahi, Philippe s'est levé avec précipitation, et, portant les mains sur la poitrine, il semble attester son innocence et la pureté de son cœur. Si l'on en croit quelques personnes, cet apôtre n'est point Philippe, mais Simon, que d'autres écrivains reconnaissent dans le vieillard dont j'ai gravé la tête à côté de celle de saint Philippe. Celle-ci, presque chauve, porte une barbe touffue. Elle appartient à l'apôtre placé le dernier à la gauche de Jésus (voyez le n° 4, sur la planche A). Simon a été appelé frère du Sauveur, par des commentateurs qui le croient fils de Joseph et de la veuve de Cléophas, son frère. Il porte une tunique blanche, un manteau violâtre et paraît s'entretenir vivement avec saint Jude du crime que Jésus vient d'annoncer.

L'état où se trouve ce chef-d'œuvre m'a détourné d'en étudier les autres parties ; mais bien qu'il ne conserve de sa première beauté que des vestiges incertains, il inspire encore une vive admiration, et l'on regrette que Louis XII, qui pensionnait Léonard, ne l'ait point engagé à venir se fixer en France. Formée par son exemple et sur ses principes, notre école, à cette époque, aurait rivalisé avec celle qu'il avait fondée à Milan, et les arts auraient dès-lors brillé dans notre patrie, de l'éclat qu'ils répandent aujourd'hui. Léonard, né en 1452, à Vinci, château de la Toscane, est mort, en France, à Amboise, en 1519, un an environ après son arrivée.

Planche XXXII.

UNE TÊTE DE VIERGE.

Fragment d'une peinture à fresque de Bernardino Luini.

Cᴇᴛ artiste, également connu sous le nom de Lovini, était natif de Luino, sur le lac Majeur, et vivait en 1530. Quelques personnes assurent qu'il fut élève de Stefano Scotto, qui a peint, avec succès, des arabesques, et a été le maître de Gaudenzio Ferrari. Cette opinion n'est pas généralement reçue, et a besoin de preuves évidentes pour être admise. Comment se soumettre à croire que le peintre dont le goût de dessin, de couleur, de composition, a tant de rapport avec celui de Léonard de Vinci, n'a point été son élève? Dira-t-on avec d'habiles connaisseurs, qu'il n'a saisi, ni la finesse du pinceau, ni la magie du clair-obscur, ni la transparence des ombres du peintre florentin? C'est prouver seulement qu'il lui est inférieur. Mais si la différence n'est sensible qu'à des yeux très-exercés; s'il passe pour constant qu'il n'est point rare, hors du Milanais, de voir les ouvrages de Bernardino attribués à Léonard, suffira-t-il d'affirmer que cet artiste ne vint à Milan qu'après le départ de Léonard? Ne sait-on pas que cet homme divin y avait fondé une école qui était encore très-florissante à cette époque? Plusieurs habiles gens s'y formèrent, mais suivirent avec moins de succès que Bernardino, les maximes de leur chef.

La figure de la Vierge, dont j'ai seulement gravé la tête, est debout et de grandeur naturelle. Elle a été enlevée du fond sur lequel elle avait été peinte, et fait aujourd'hui partie de la collection du Musée de Brera à Milan. Une grande vérité, une noble simplicité, rendent cette peinture digne d'admiration. On y retrouve le genre de mérite qui fait remarquer les productions de Léonard de Vinci au milieu de celles des plus habiles artistes dont l'Italie fut le berceau.

PLANCHE XXXIII.

VUE DE NAPLES ET DE SES ENVIRONS,

Peinte par M. le comte de Turpin-Crissé.

L'ITALIE doit à sa position entre deux mers, à la chaîne des montagnes qui règne dans toute sa longueur, aux usages des peuples qui tour-à-tour sont venus l'habiter, à la diversité de ses nombreux gouvernements, l'aspect varié des villes qu'elle renferme, et le penchant de chaque cité pour une manière particulière de cultiver les arts. En parcourant cette belle contrée, le voyageur étonné se voit transporté sur un vaste théâtre qui, destiné seulement à lui présenter l'immense variété des productions de la nature et du génie, lui découvre encore, par des vestiges nombreux, anciens et modernes, combien est grande l'instabilité de la puissance des hommes et de leurs institutions.

Venise, sortie du sein des eaux, décèle, par la construction de ses antiques édifices, et par le costume souvent donné aux personnages de ses anciens tableaux, un goût oriental qui atteste la fréquence de ses liaisons avec l'Asie, et rappelle qu'elle ne fut pas tranquille spectatrice des brillantes et malheureuses expéditions des croisades.

La forme de plusieurs palais de Florence offre, au contraire, une image embellie des châteaux-forts du moyen âge, renouvelle le souvenir pénible des temps orageux de son inquiète liberté. Et tel est le caractère sévère de leur disposition, qu'il semble que ce n'est point à Pise, mais à Florence qu'il faut chercher les traces de la funeste tour *della Fame*, théâtre des angoisses du comte Ugolin et de ses enfants. Les institutions et les mœurs des Étrusques ont donc exercé sur les habitants une influence bien puissante, puisque ni la nuit des siècles d'ignorance, ni la fusion des peuplades qui inondèrent l'Italie, ni la présence des savants et des artistes Grecs qui fuyaient leur patrie asservie, ne purent en mitiger la rigidité. On vit, à la renaissance, les génies toscans imprimer à la poésie et aux beaux-arts de leur pays, ce caractère de sublimité âpre et sauvage dont le germe se retrouve sur les ouvrages primitifs des Étrusques.

On est moins étonné de la nature des progrès que les arts firent à Rome vers la même époque. Tant de ruines parlaient vivement à l'imagination; tant de statues, modèles de la beauté et du bon goût, étaient chaque jour rendues à la lumière, qu'à la suite d'un génie tel que Raphaël, ils devaient prendre un brillant essor. On ne peut cependant assigner le degré de perfection auquel cet homme divin aurait fait monter la peinture, si, par un accident heureux, quelques-uns des tableaux célèbres de l'antiquité, et dont les historiens semblent avoir parlé avec plus de prédilection que des statues, eussent été sauvés de la destruction et découverts de son temps.

Les peintures retrouvées depuis la renaissance jusqu'à nos jours offrent moins l'image de tableaux parfaits que de belles décorations. En les observant, on ne peut connaître quel a été le degré de perfection de cet art enchanteur dans les beaux siècles de la Grèce.

C'est à Naples et à Portici où l'on trouve la plus nombreuse collection de peintures antiques sauvées des injures du temps. Elles y sont rassemblées avec une grande quantité de bronzes et d'ustensiles de tout genre, de toute nature, trouvés sous les décombres des villes ensevelies sous les laves du Vésuve. Leur intéressante réunion a dévoilé une partie des usages civils, militaires et religieux des anciens Romains dont la connaissance serait encore pour nous incertaine, sans cette heureuse découverte. Cependant Naples, privée de ces précieuses curiosités, attirerait encore les voyageurs par la beauté de sa situation et par la singularité des phénomènes de la contrée qu'elle domine. Qu'on imagine une ville fort peuplée, bâtie en amphithéâtre sur les bords d'une mer contenue par des quais magnifiques! A l'entour, des campagnes couvertes de riches productions; à quelque distance, une montagne à double cime, d'où s'exhalent trop fréquemment des torrents de fumée qui semblent menacer d'une explosion prochaine les fastueuses constructions de Portici. Elles sont élevées sur les laves qui couvrent Herculanum, et cette ville était fondée peut-être sur les débris de villes plus anciennes, dont les noms sont ensevelis depuis long-temps dans les ténèbres des siècles passés. On ne peut s'abstenir d'un mouvement de surprise en voyant une côte exposée à une prochaine destruction, et couverte d'une population considérable. L'étonnement cesse en jetant les yeux sur sa fertilité et son riant aspect. Quelle sera la première pensée de l'habitant du nord, accoutumé à la vue de toits dont la forme surhaussée est commandée par la rigueur des hivers, en apercevant les maisons de Naples toutes terminées en terrasses, pour y jouir, pendant les chaleurs de l'été, de la fraîcheur bienfaisante des nuits? N'est-il pas à présumer qu'elles lui offriront l'aspect d'une ville dont les toits ont été consumés par des feux lancés de la montagne voisine; et son imagination, frappée dès son enfance du récit des désastres occasionnés par le Vésuve, pourra-t-elle le défendre d'un jugement précipité?

Vivement ému de la vue enchantée de Naples, j'en avais vainement cherché un portrait qui pût, dans tous les temps, m'en rafraîchir la mémoire, et j'étais décidé à la dessiner, quand le hasard me conduisit chez M. le comte de Turpin-Crissé. Il venait d'en terminer un tableau frappant de vérité, et dont le point de vue avait été choisi avec une rare intelligence. Sur ma prière, il m'accorda toute facilité pour le graver, et le public, accoutumé à donner des éloges à ses productions, ne jouira point, sans un vif plaisir, du fruit de mon heureuse découverte. Je ne puis mieux terminer cet article qu'en transcrivant littéralement la description du tableau, que je dois également à la complaisance de l'auteur.

« Cette vue de Naples est prise au milieu des vignes qui couvrent Pausilipe, « sous les pins qui la dominent, et presque au-dessus de la grotte. On plonge de là « sur la plage et sur le quai de Chiaja, sur la *Villa Reale*, et le petit mole nou- « vellement construit. Sa vue s'étend, à gauche, sur le Vomero et le château Saint- « Elme, puis se prolonge par-dessus le château de l'Œuf, jusqu'à la ville de « Portici, derrière laquelle s'élève le Vésuve. »

PLANCHE XXXIV ET DERNIÈRE.

PSYCHÉ.

Peinture antique, gravée de même grandeur que l'original.

Au premier coup-d'œil, il semble que la scène offre le moment où les parents de Psyché consultent l'oracle sur la destinée de leur fille. Elle représente, en effet, une jeune personne qui paraît cacher sa figure par la crainte d'être livrée au monstre redouté sur la terre, dans les cieux et jusque dans les enfers [1]. On peut encore supposer que la reine essaie de calmer la colère de Vénus. Mais pourquoi le roi adresse-t-il ses prières au dieu des jardins? Pourquoi ces jeunes femmes peu vêtues ou entièrement nues, sont-elles occupées la plupart à contempler avec curiosité la statue d'Hermaphrodite? Il est évident que le rapport de tous ces personnages avec la famille de Psyché est plus apparent que réel; car Apulée raconte que l'oracle qui fut consulté était Apollon Milésien. Le peintre a-t-il voulu, par une allégorie particulière, faire connaître le caractère des passions qui agitaient les parents de cette infortunée. La pensée est trop recherchée pour appartenir aux anciens : en tout ils aimaient une grande simplicité. Il est donc présumable que l'artiste a exprimé un sujet différent et dont l'explication est abandonnée à la perspicacité de l'observateur.

(1) Voyez l'Ane d'or d'Apulée, livre IV.

Cette peinture antique, que je conserve dans mon cabinet, vient de la collection de feu M. Martin, membre de l'ancienne Académie royale de peinture. Il l'avait acheté, avec trois autres tableaux de même genre, à la vente après décès de M. Clermont d'Amboise qui, pendant son ambassade auprès du roi de Naples, les avait reçus de ce monarque en présent. Quand M. Martin en fit l'acquisition, ils étaient encore dans la caisse destinée à les transporter d'Italie en France. Il me reste à observer que le prince Poniatowski, qui a fixé depuis quelques années son séjour à Rome, possède dans sa collection deux tableaux antiques dont le faire est semblable à celui que j'ai fait graver.

FIN.

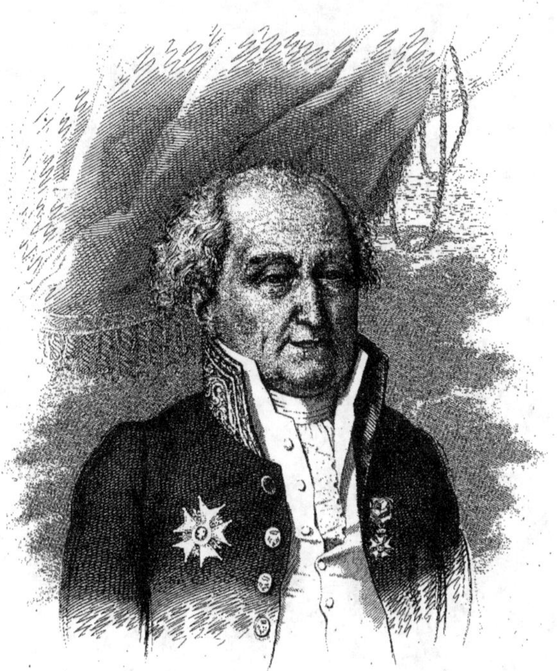

Le Comte Siméon,

Grand Officier de la Légion d'Honneur,

Chevalier de l'Ordre de St Hubert de Bavière,

Ministre Secrétaire d'État

au Département de l'Intérieur.

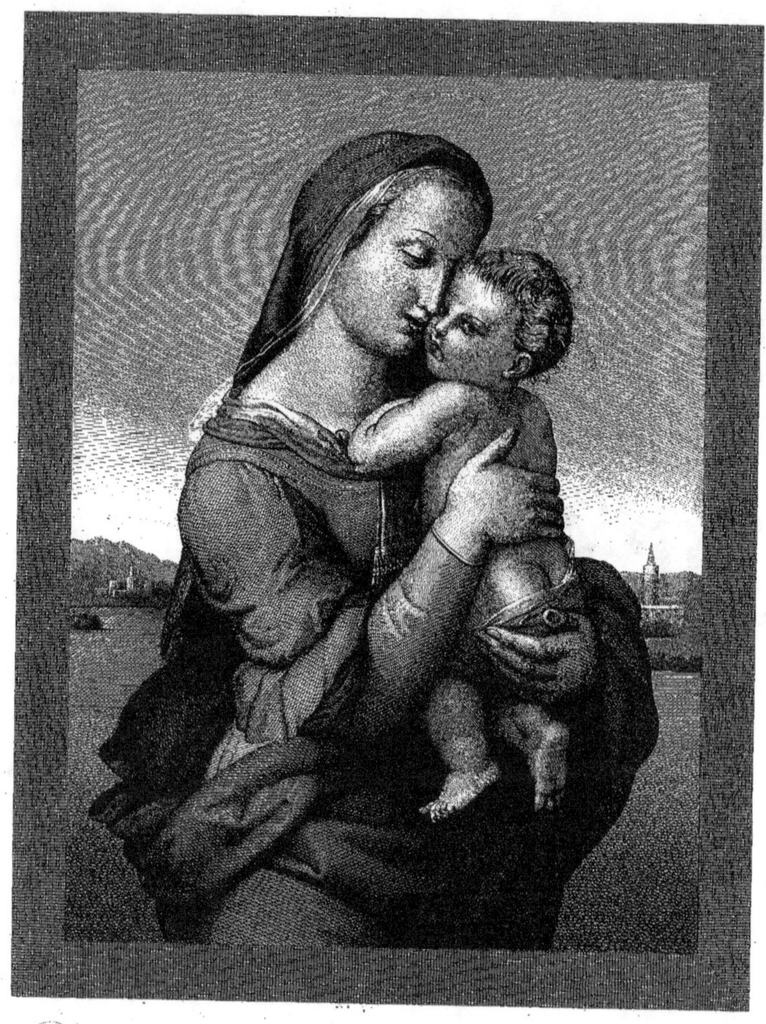

Dessiné et Gravé d'après le Tableau Original
de Raphaël, par Aug. Boucher Desnoyers

Du Palais Tempi à Florence.

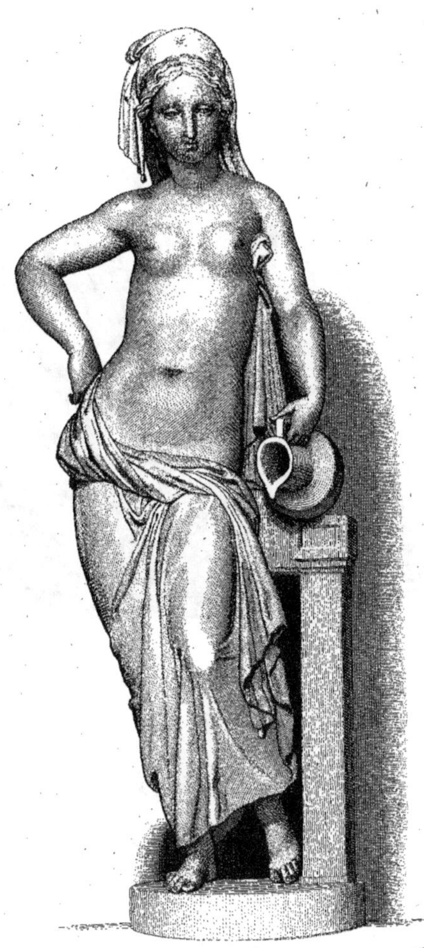

HÉBÉE,

Statue Antique de la Bibliothèque de Venise.

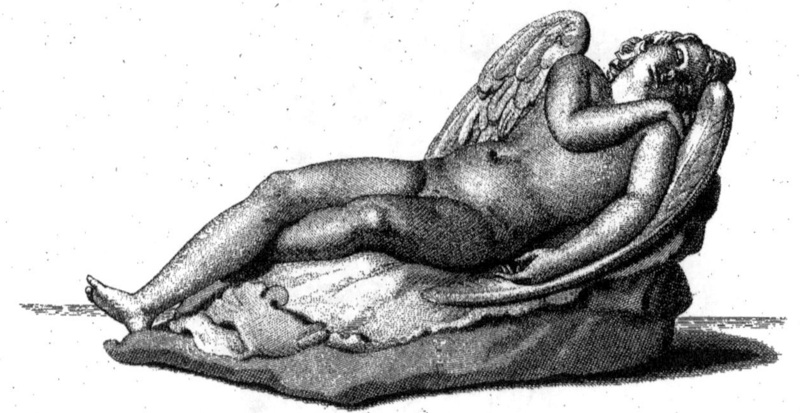

L'AMOUR ENDORMI,

Statue Antique de la Bibliothèque de Turin.

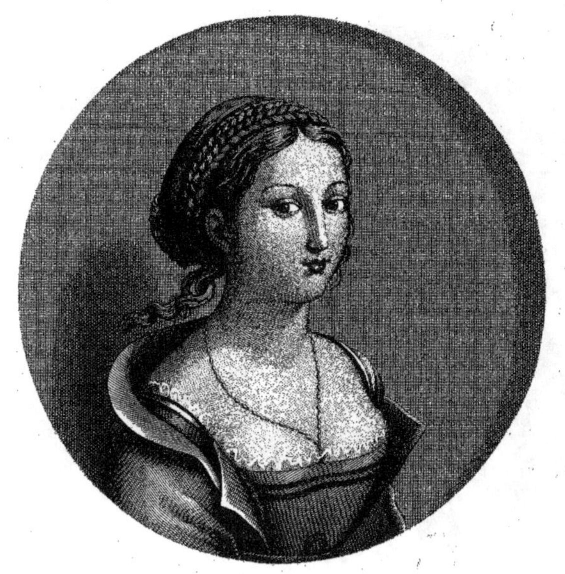

PORTRAIT

d'un Modèle de Raphael.

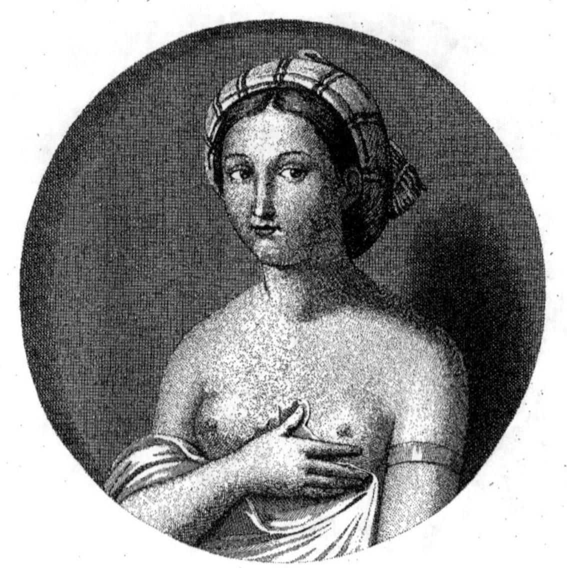

PORTRAIT

d'un Modèle de Raphael

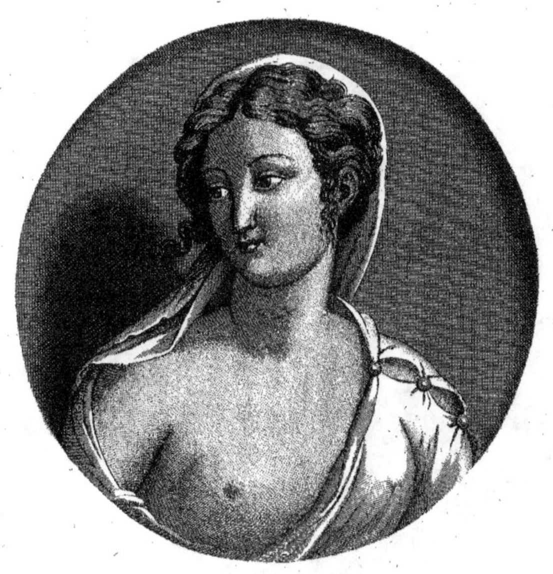

B. Desmoyers del.t   A. Godefroy et Aubert sculp.t

PORTRAIT

d'un Modèle de Raphaël

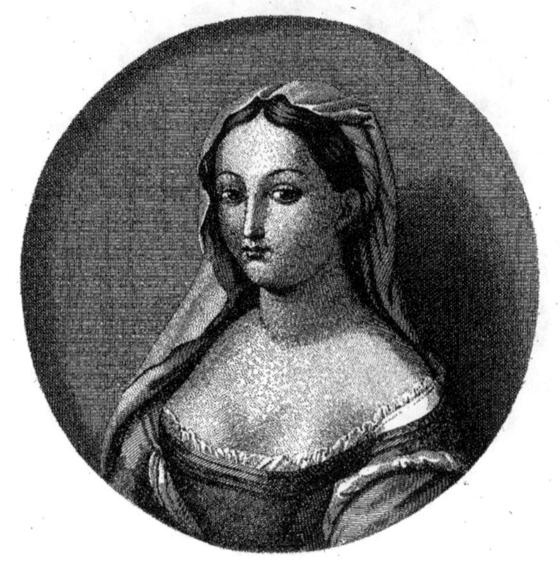

PORTRAIT

d'un Modèle de Raphaël

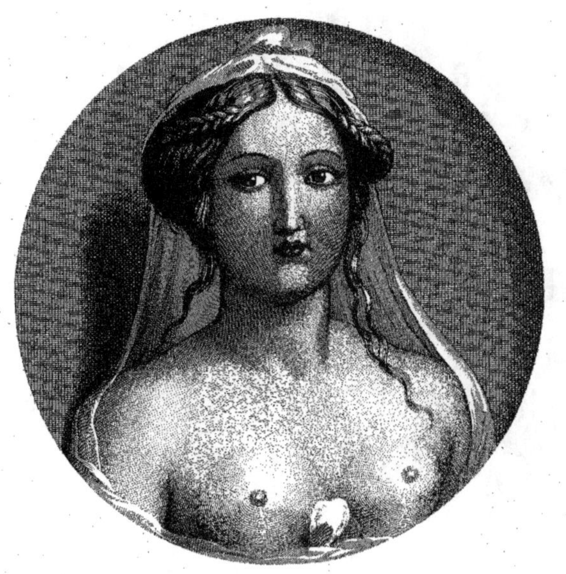

PORTRAIT

d'un Modèle de Raphaël.

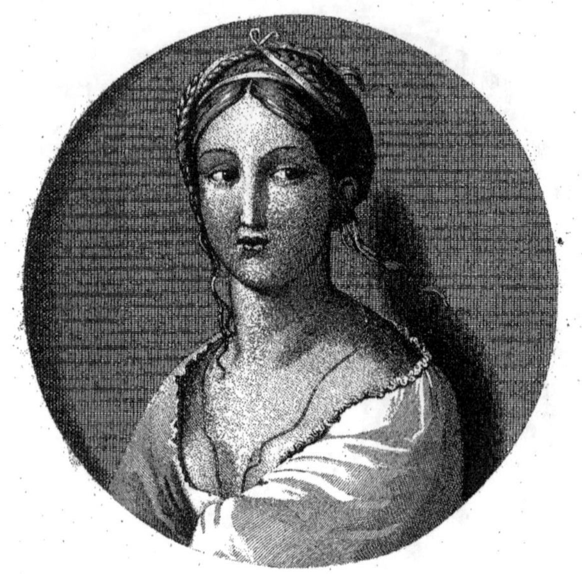

PORTRAIT

d'un Modèle de Raphael

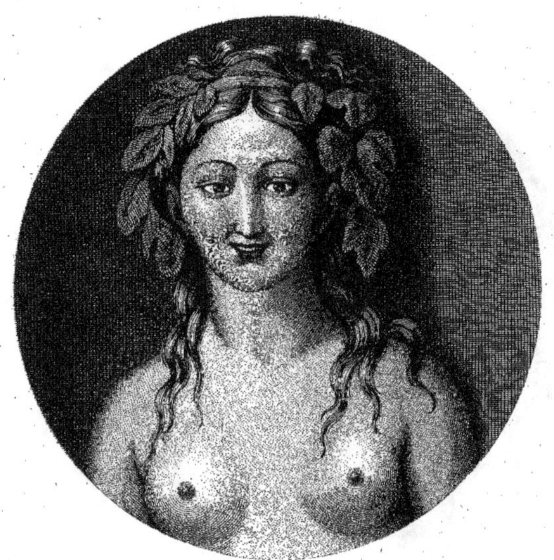

PORTRAIT

d'un Modèle de Raphaël

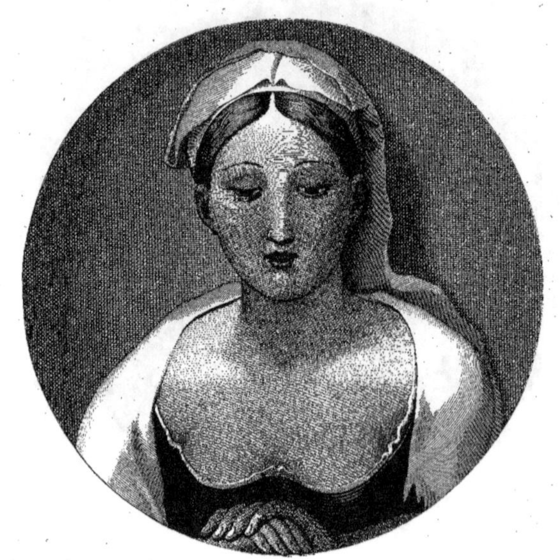

PORTRAIT

D'un Modèle de Raphael.

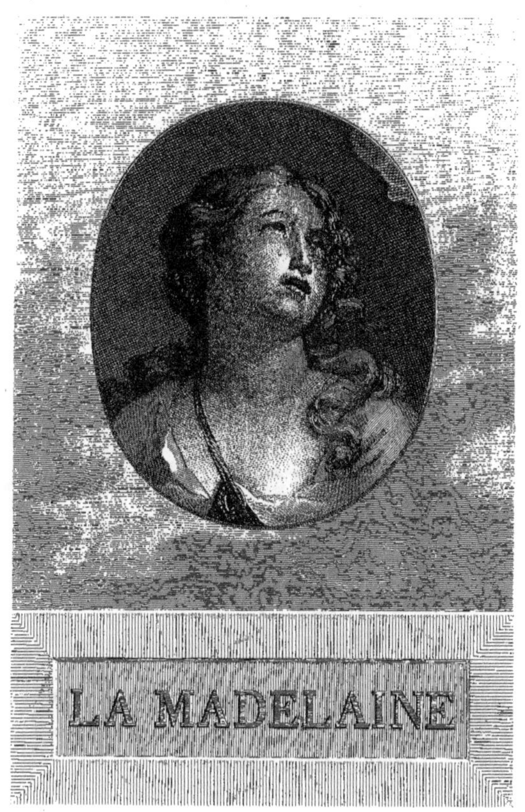

Desiné et Gravé d'après le Tableau Original
du Corrège, par Aug. Boucher Desnoyers

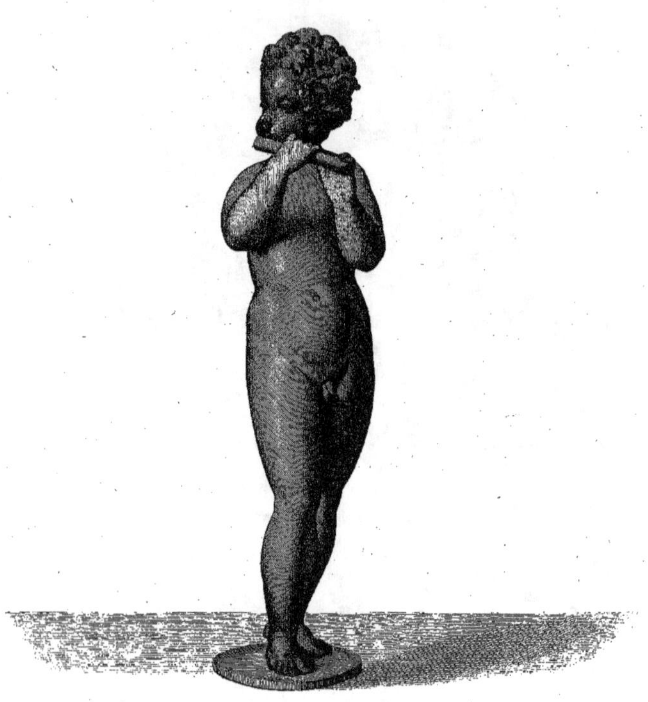

ENFANT JOUANT DE LA FLÛTE,

Bronze Antique.

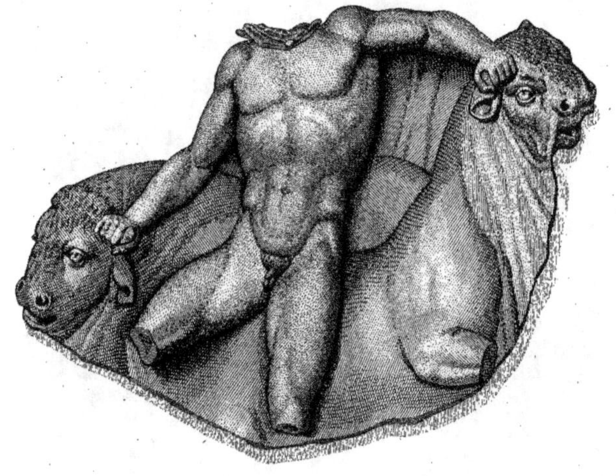

JASON,

Fragment d'un Bas-relief Antique.

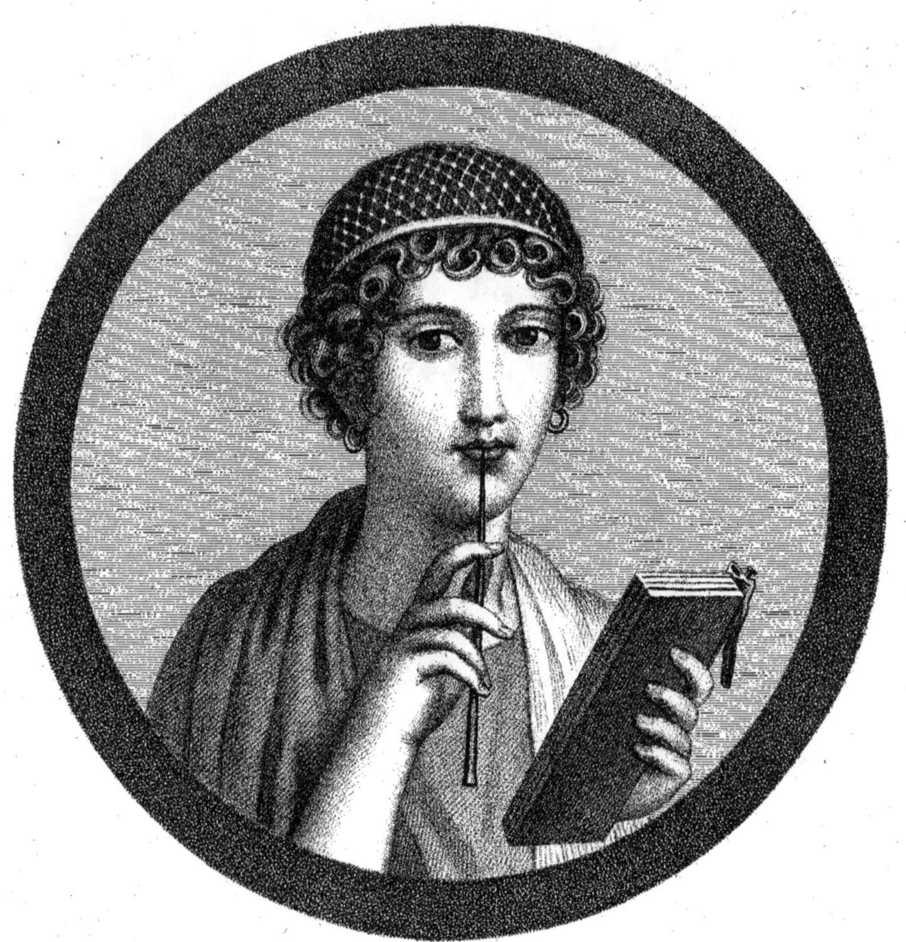

B. Desnoyers del.   Girard sculp.

SAPHO,

Peinture Antique

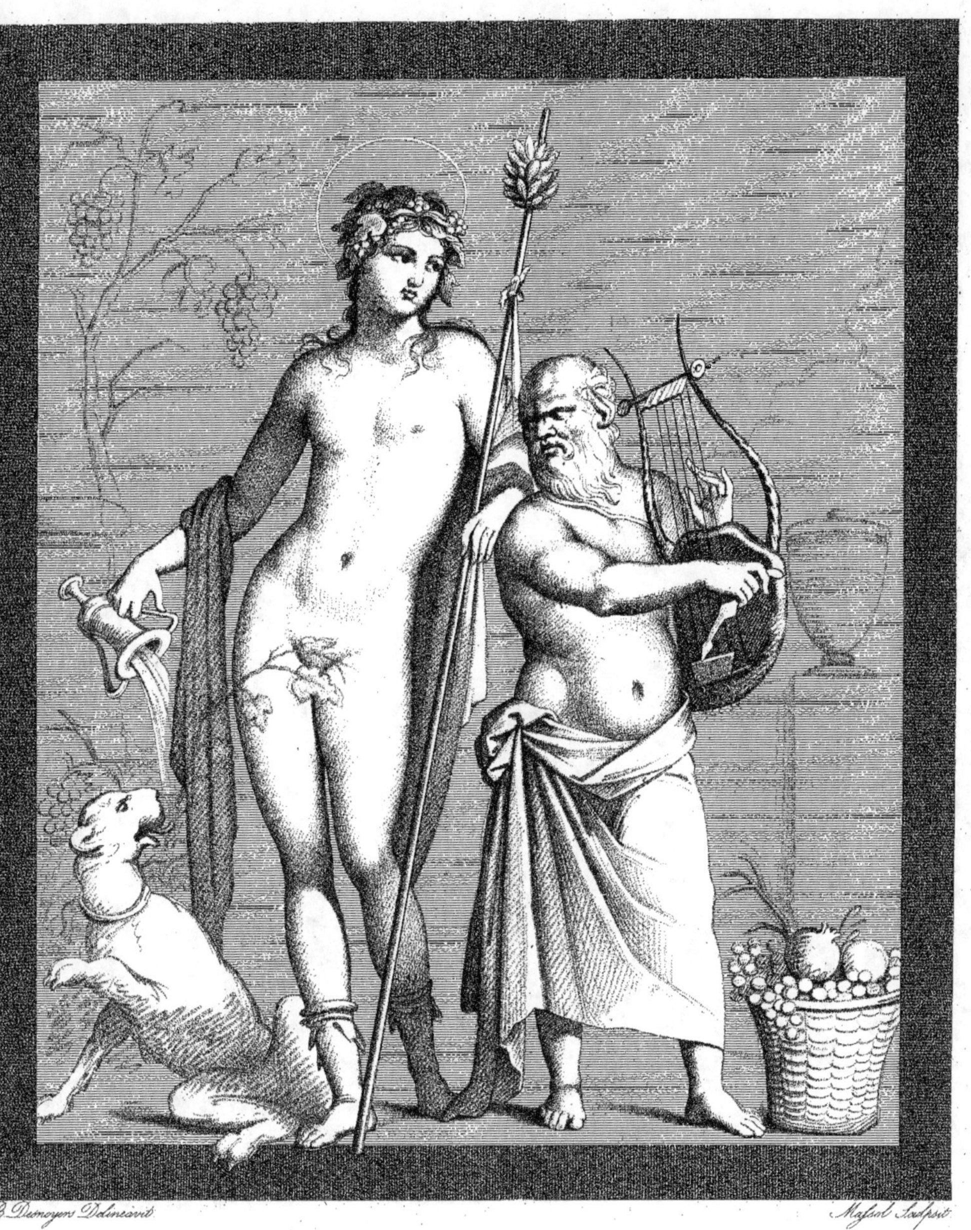

BACCHUS ET SILÈNE.

Peinture antique de Pompeï.

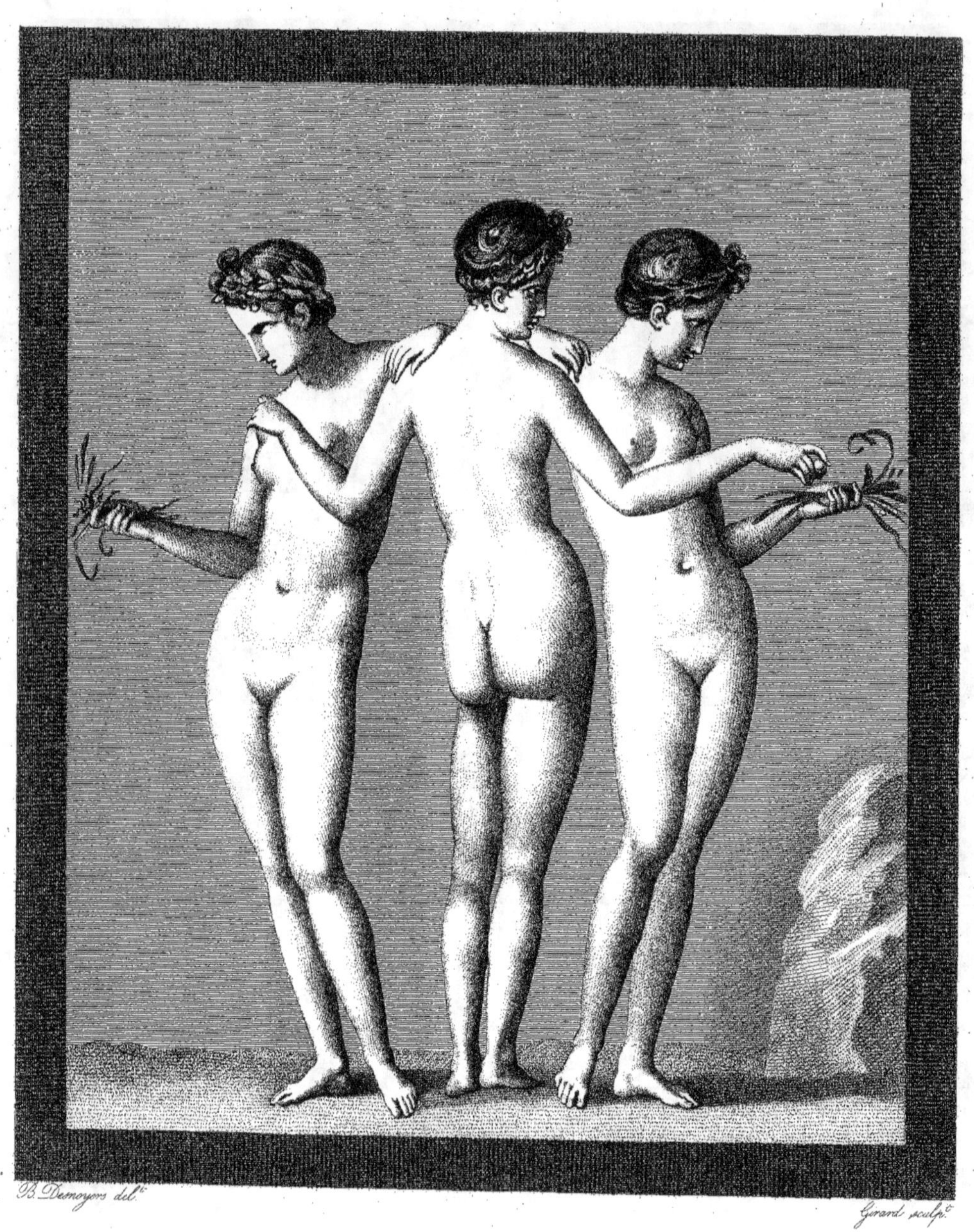

LES TROIS GRACES.
Peinture antique

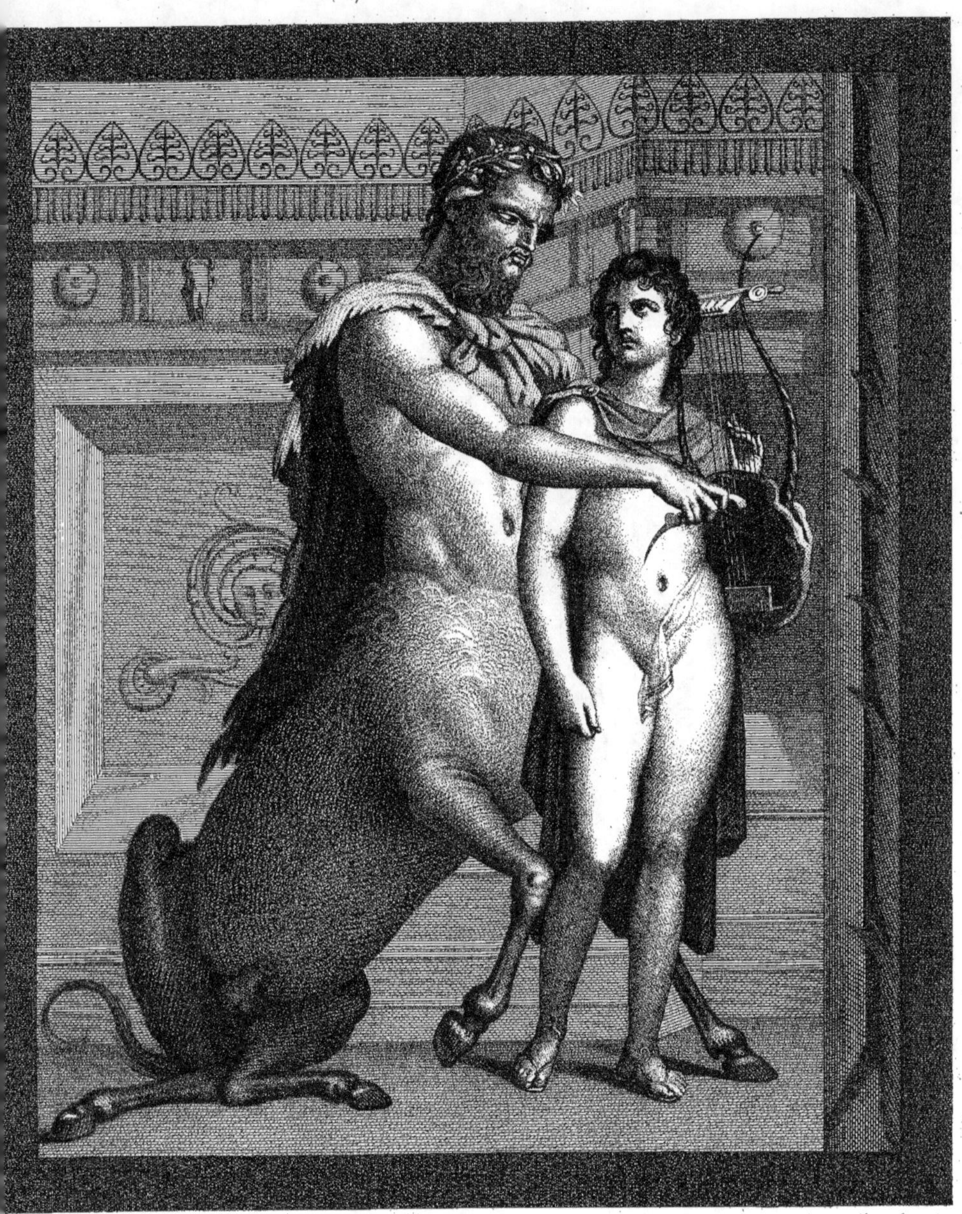

L'ÉDUCATION D'ACHILLE,

Peinture Antique d'Herculanum.

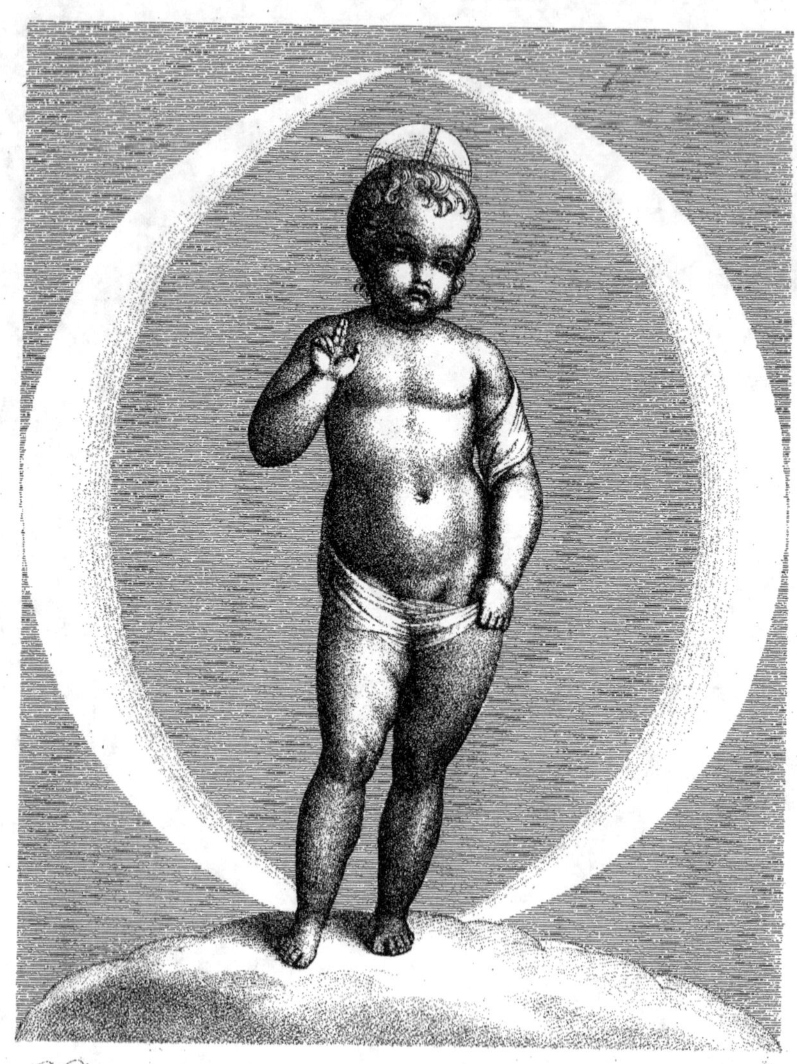

L'ENFANT JÉSUS

d'après Mantegne

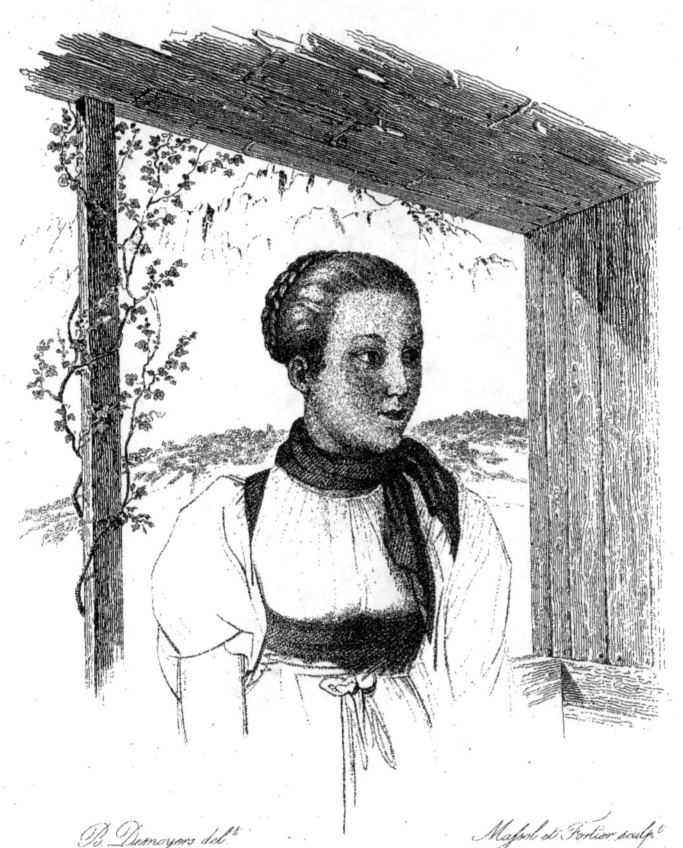

B. Desmoyers del.t   Massol et Fortier sculp.t

Lisbeth,

Aubergiste au Glacier de Grindelwald.

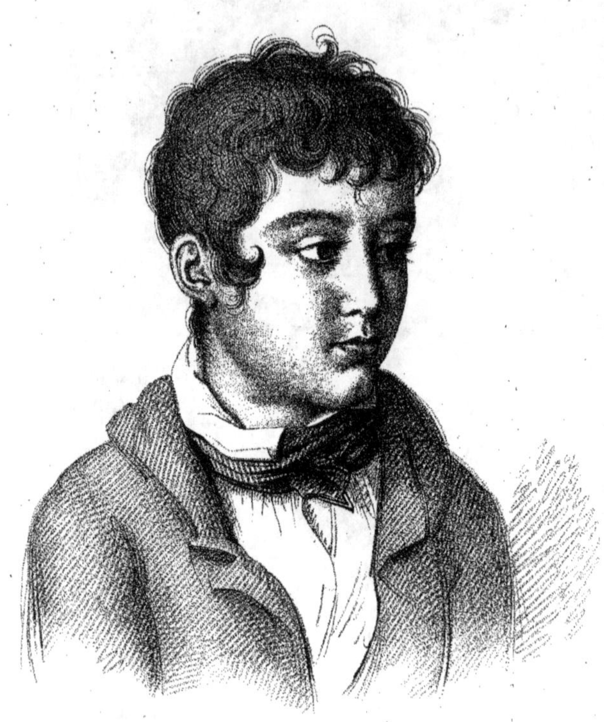

B. Desmoyers del.   Massol, sculp.

CUSTODE,
de la Ville de Pompeu

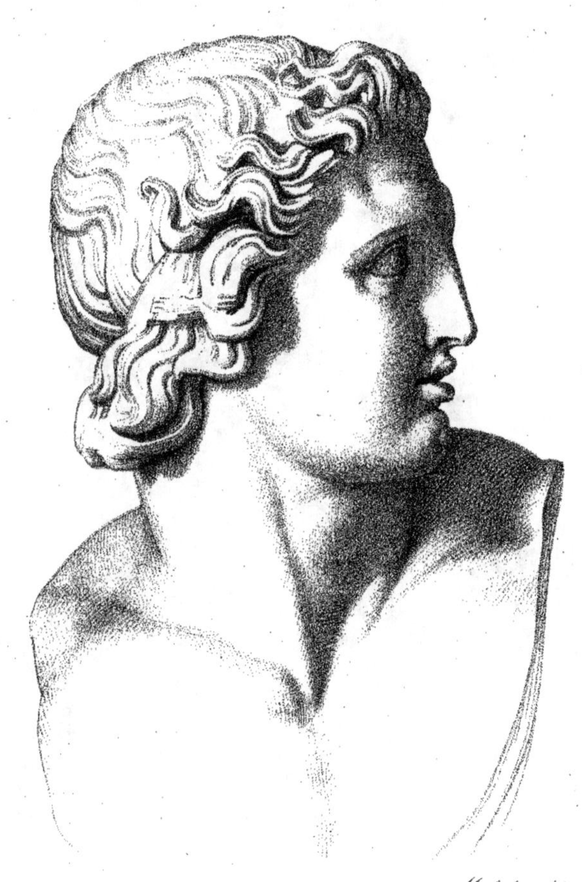

TÊTE ANTIQUE.

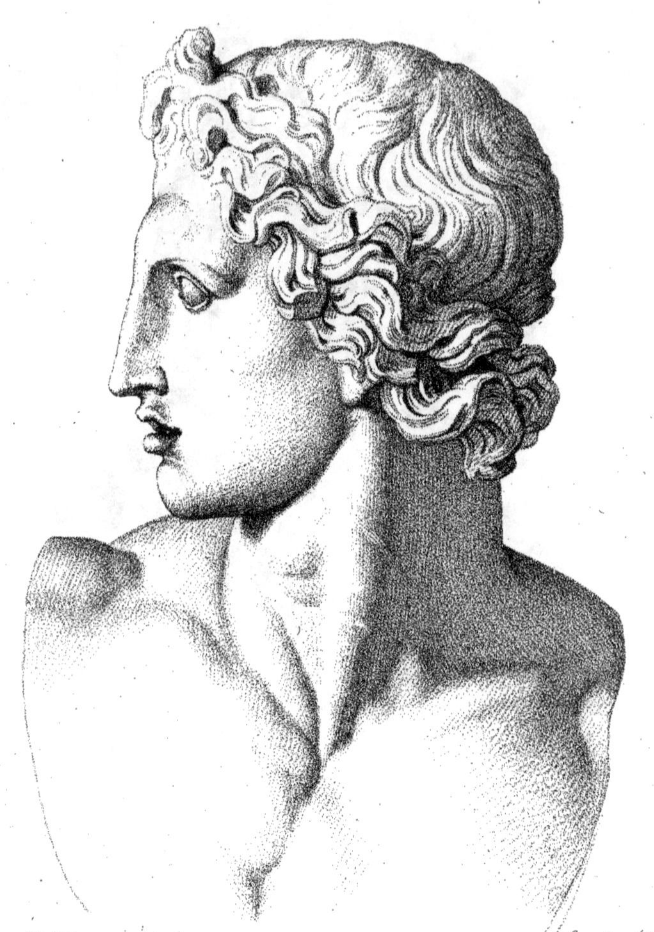

TÊTE ANTIQUE.

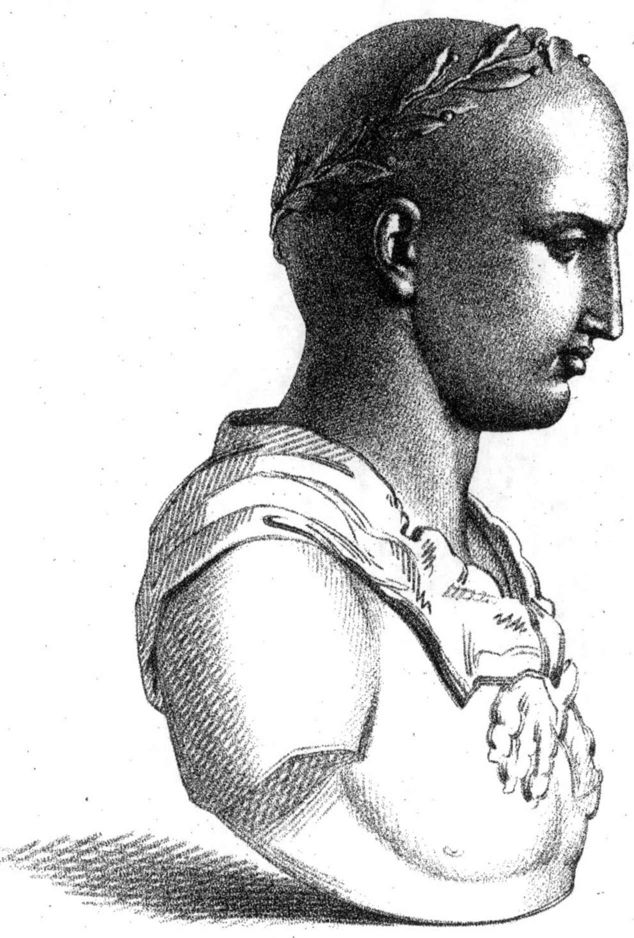

ATHLÈTE,

Buste en Porphyre rouge.

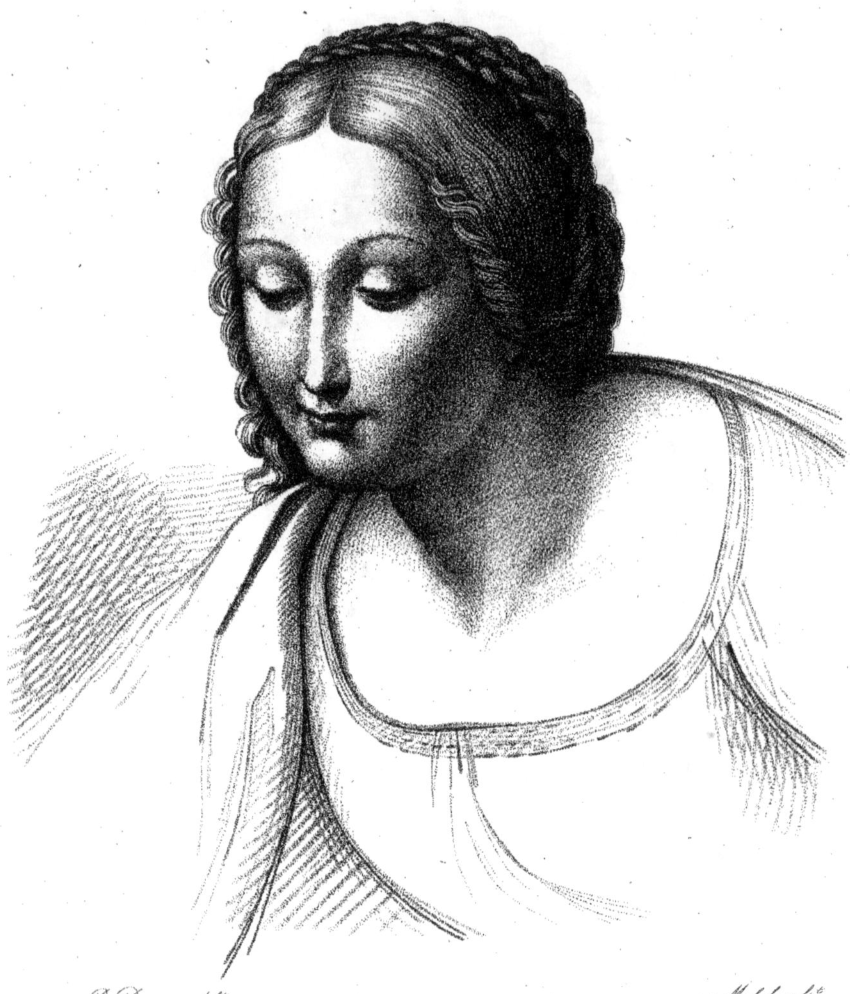

LA VIERGE
Dite de Milan, d'après Léonard de Vinci.

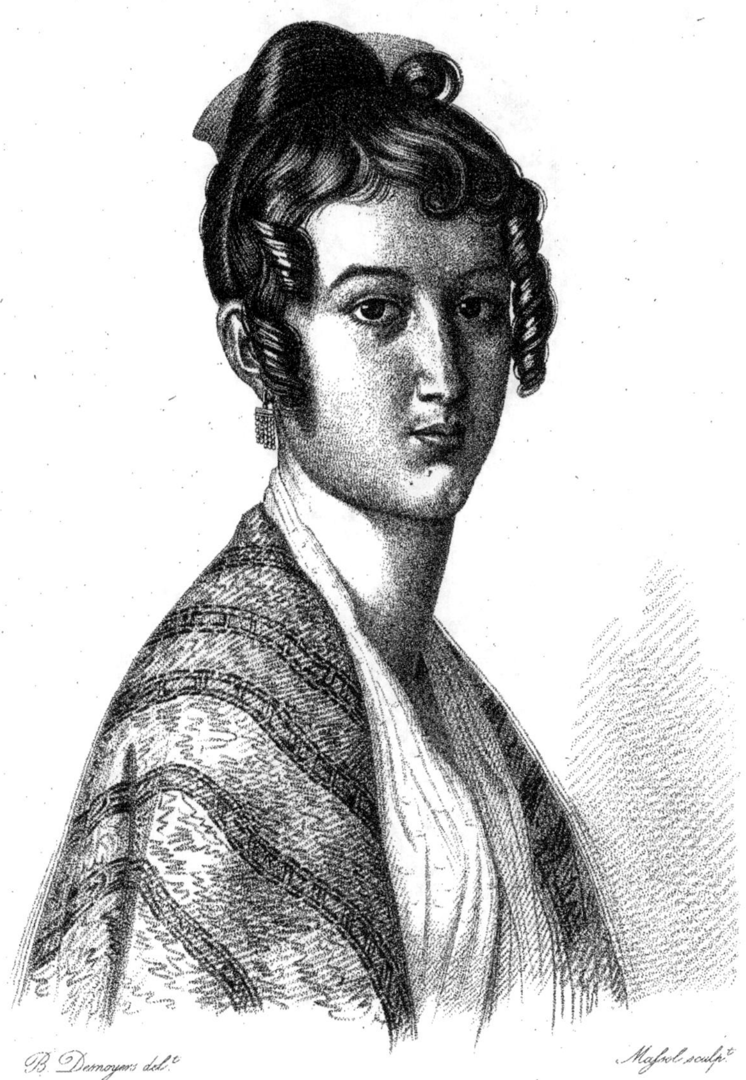

B. Desnoyers del.t   Massol sculp.t

JEUNE NAPOLITAINE.

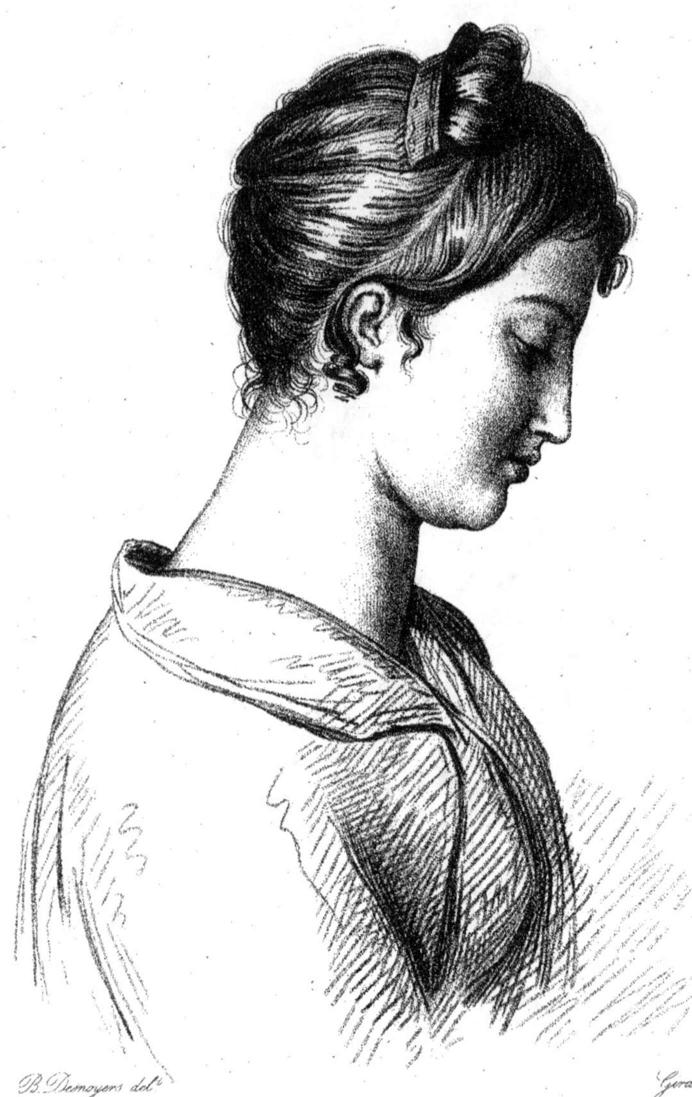

JEUNE NAPOLITAINE.

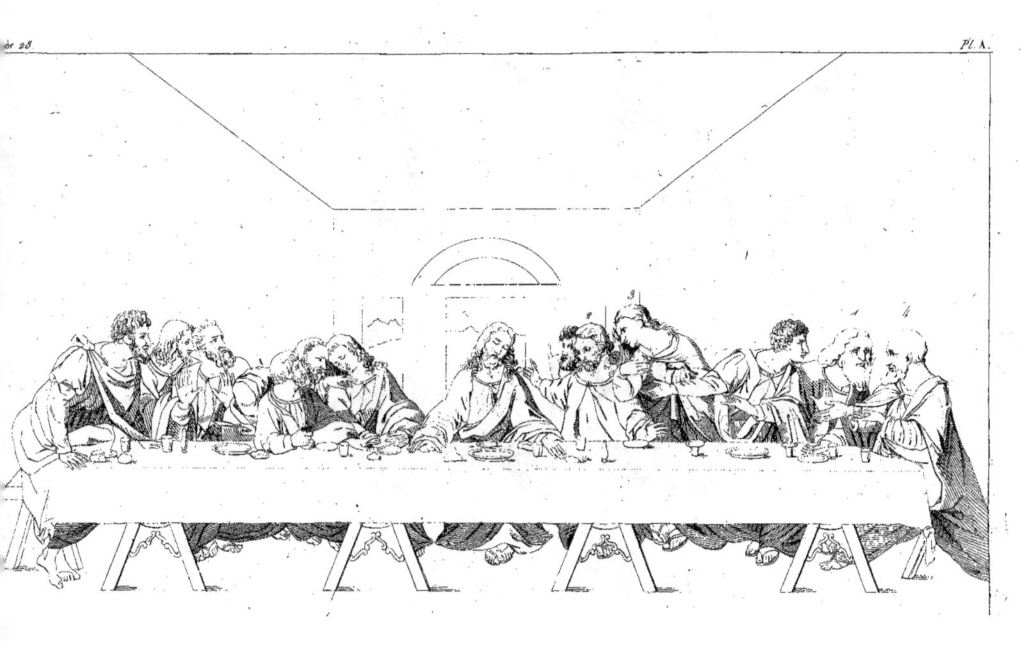

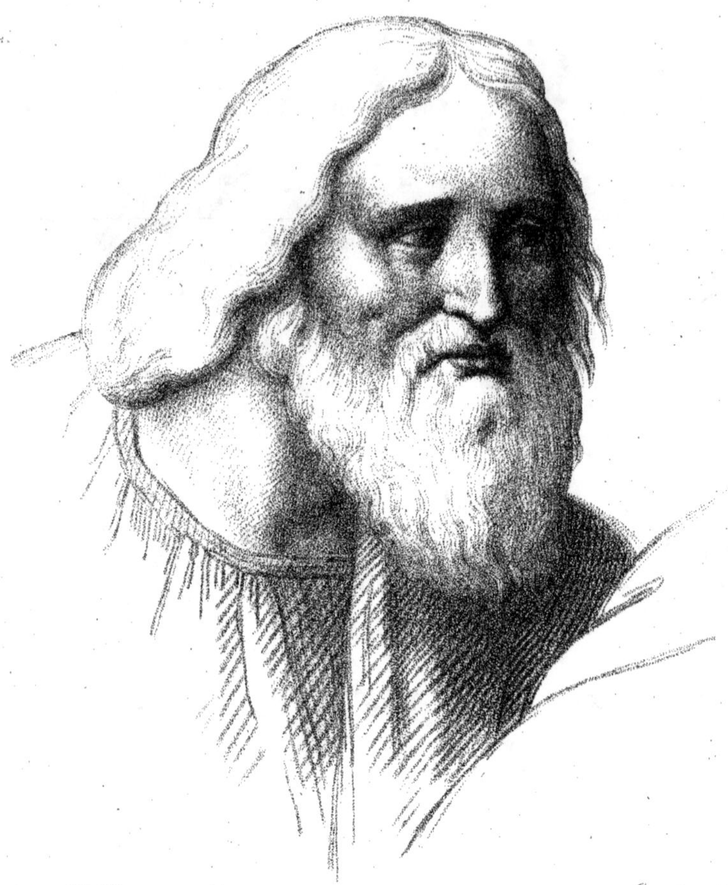

St. JUDES, APÔTRE,

d'après le tableau de la Cène de Leonard de Vinci.

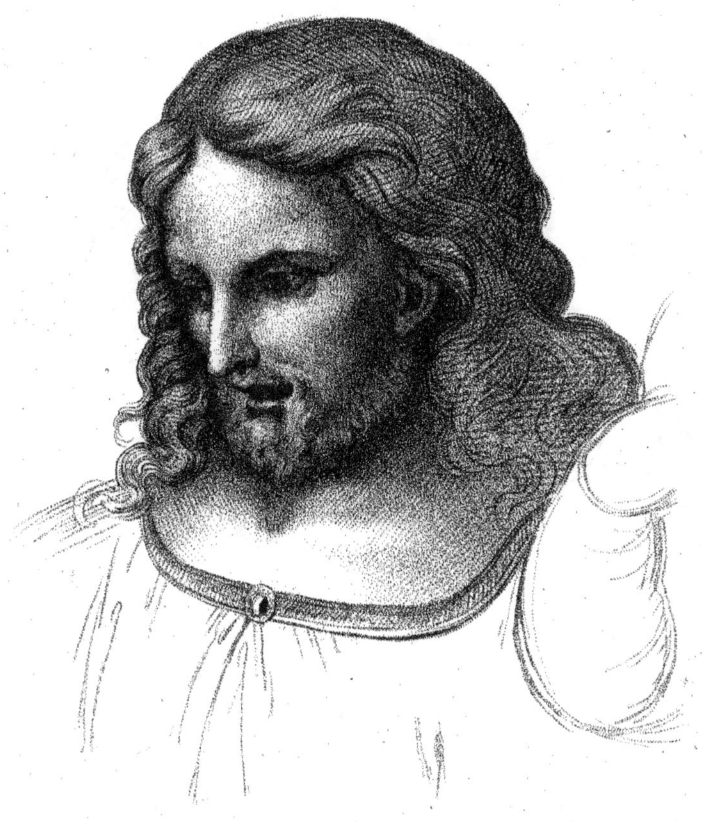

St. JACQUES LE MAJEUR, APÔTRE,

d'après le tableau de la Cène de Léonard de Vinci.

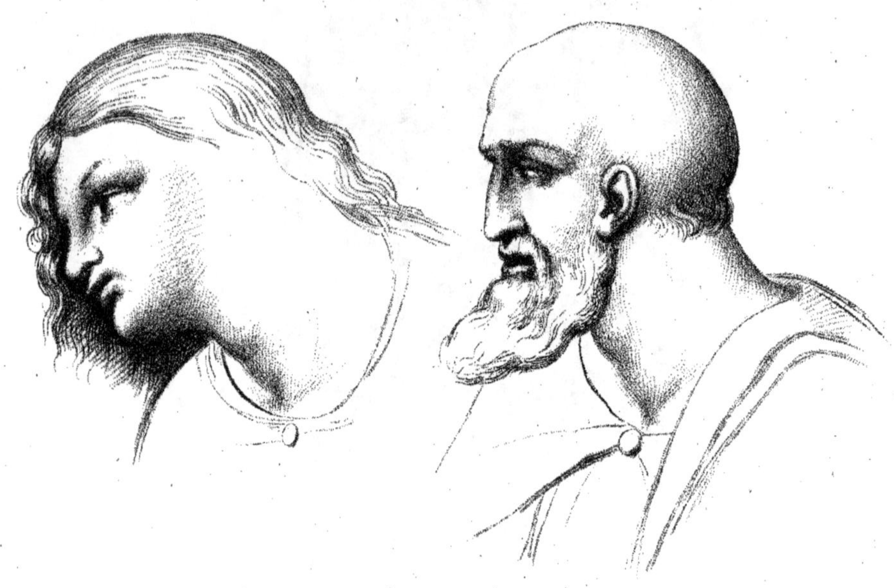

St. PHILIPPE ET St. SIMON APÔTRES.

d'après le tableau de la Cène de Léonard de Vinci.

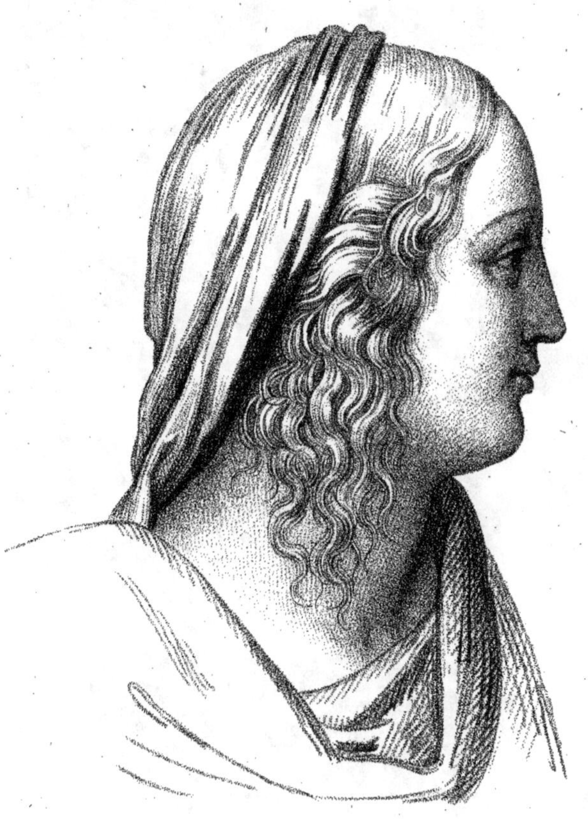

TÊTE DE VIERGE,

D'après la fresque de Luini.

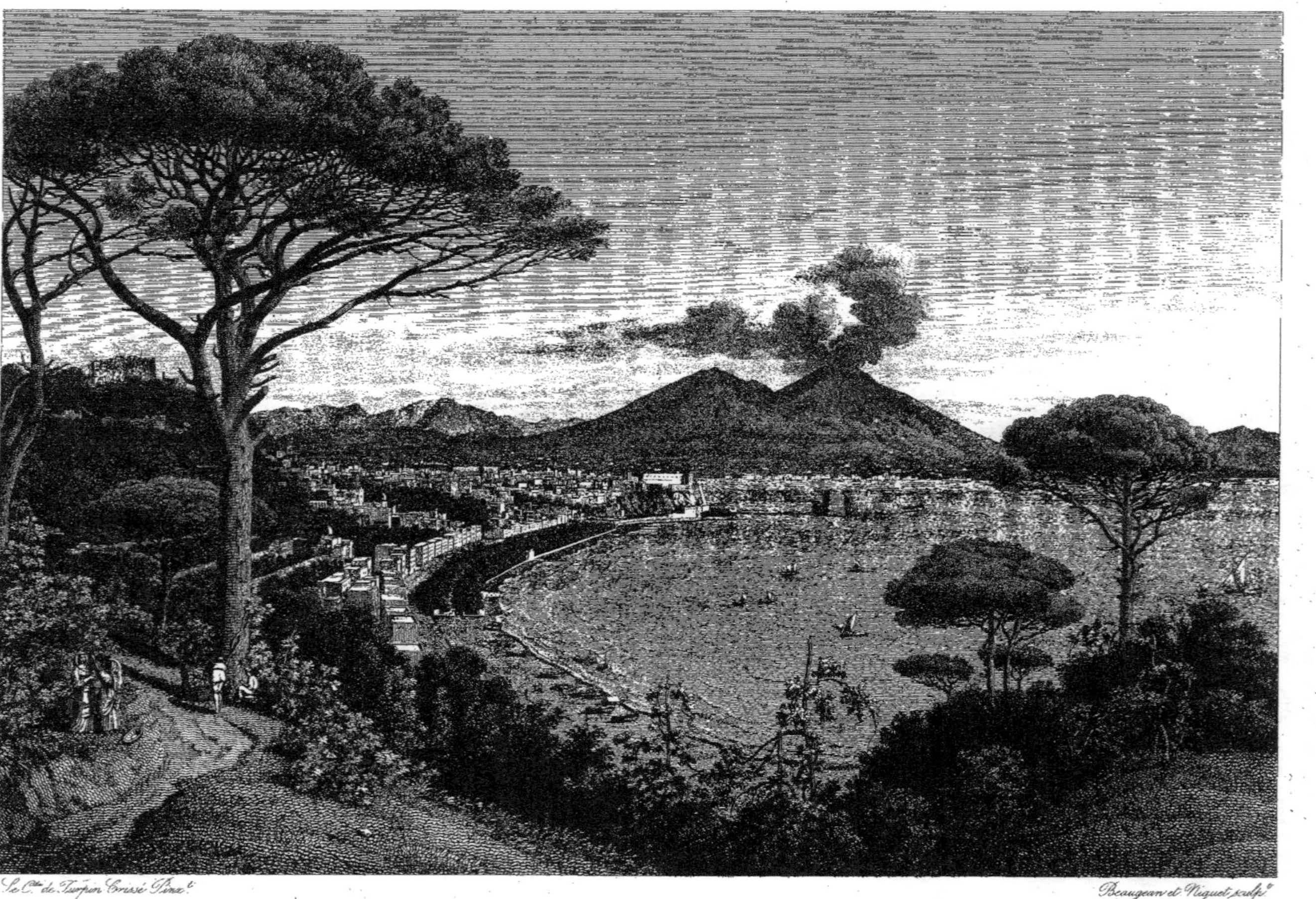

Le Cte de Turpin Crissé Pinx.^t   Beaugean et Niquet sculp.^t

VUE DE NAPLES.

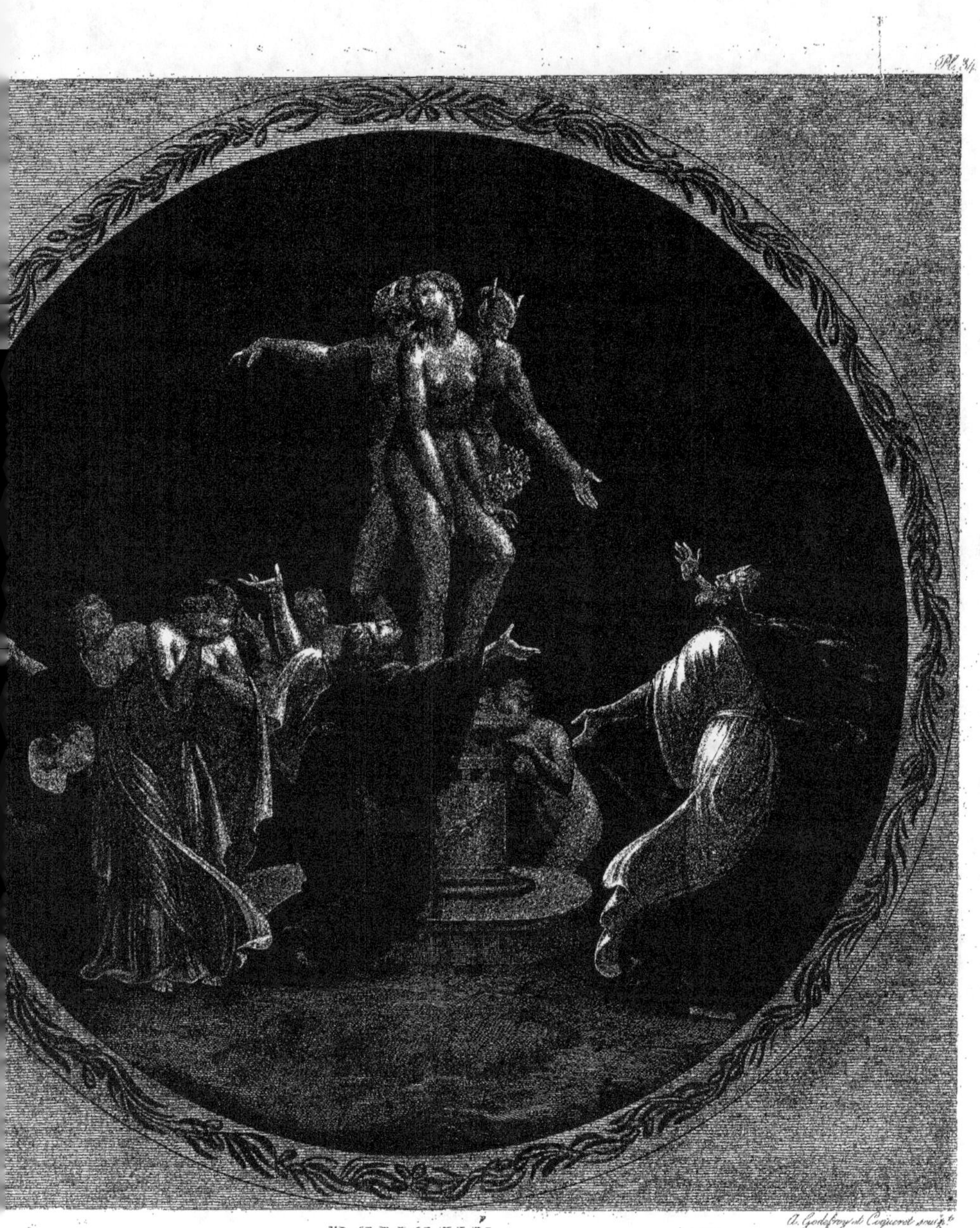
Pl. 34.
A. Godefroy et Coquerot sculp.t

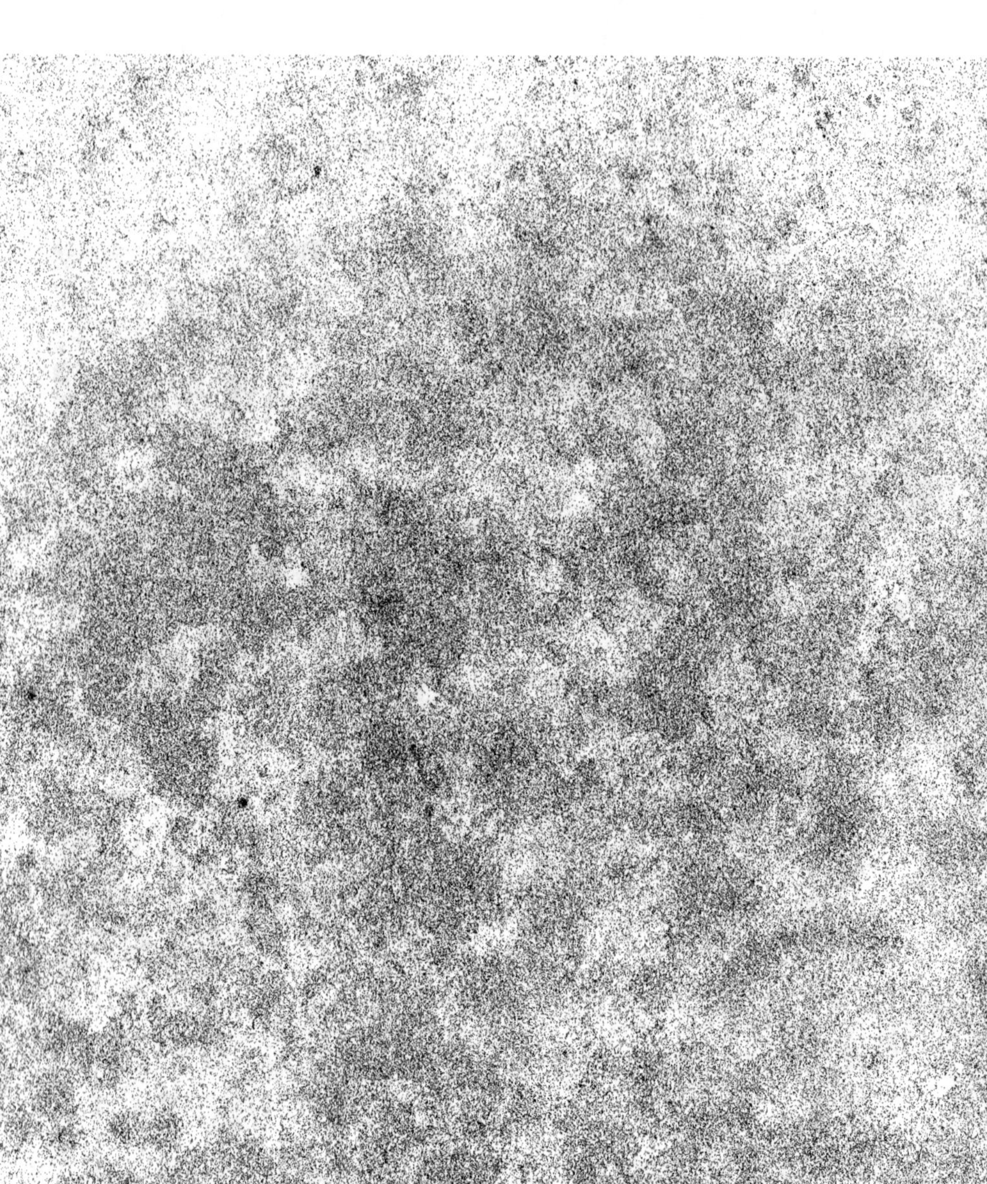

B. DESNOYER

RECUEIL
D'APRÈS
DES
PEINTURES
ANTIQUES
ITALIENNES
ETC.

9 782012 863996